Couverture inférieure manquante

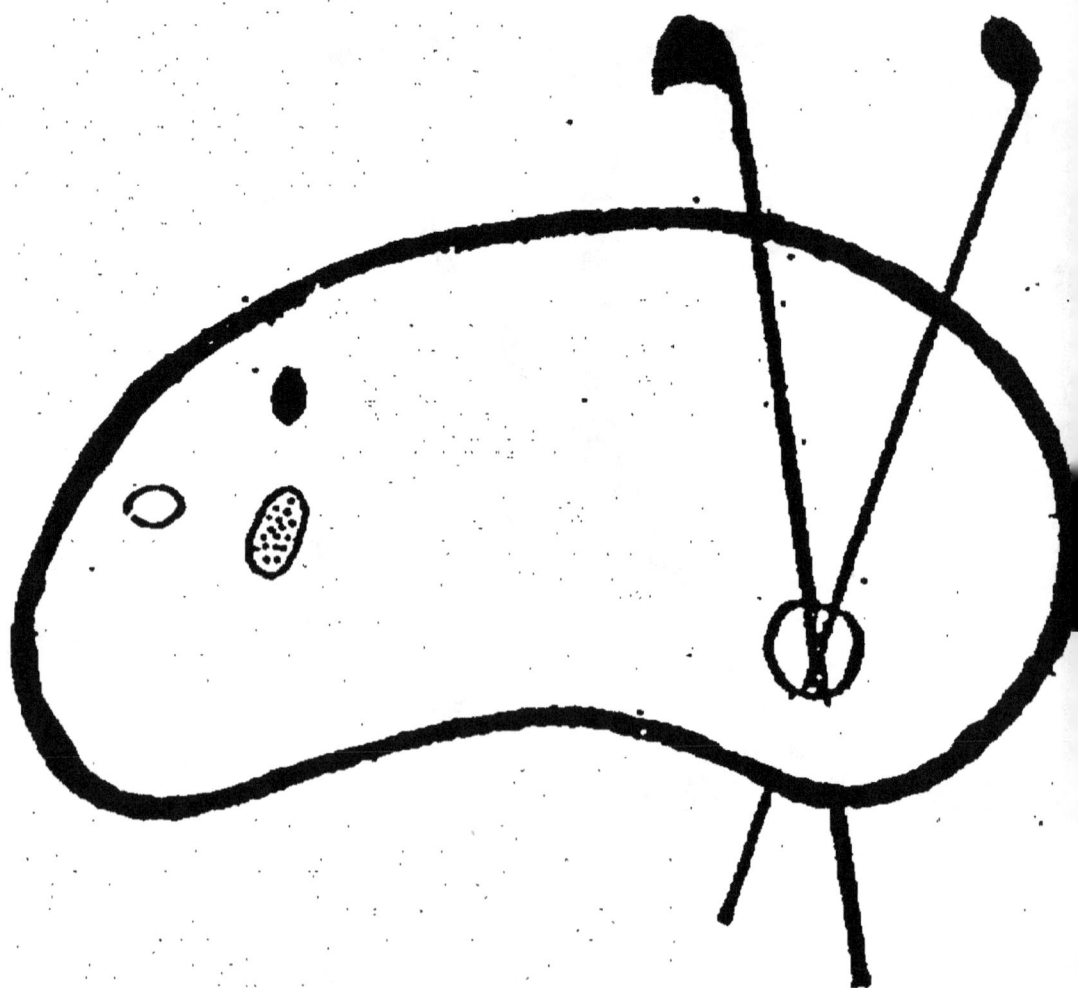

DEBUT D'UNE SERIE DE DOCUMENTS
EN COULEUR

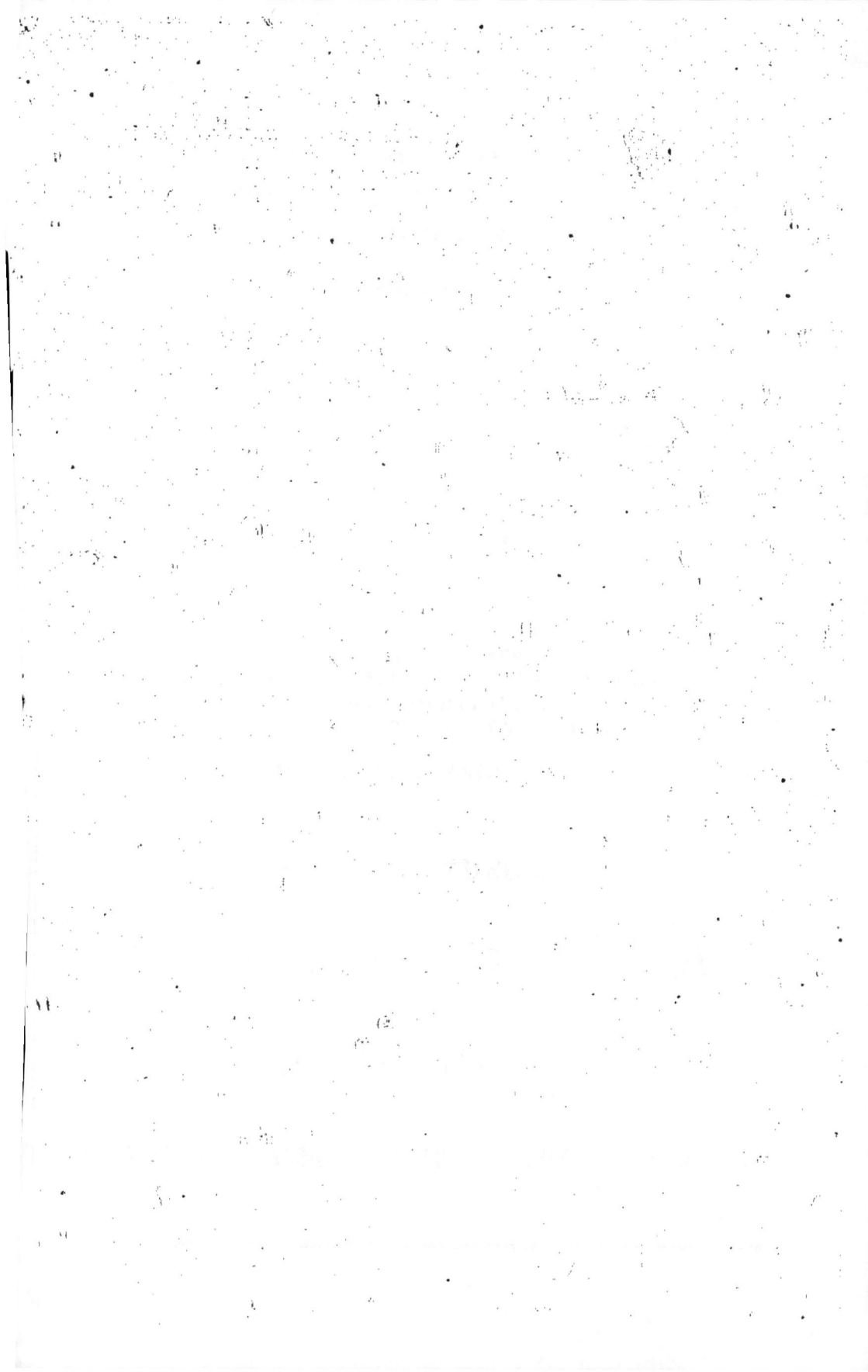

8

BIBLIOTHÈQUE CLASSIQUE D'OUVRAGES PHILOSOPHIQUES

SÉNÈQUE

AD LUCILIUM

EPISTOLÆ SEXDECIM

NOUVELLE ÉDITION

AVEC UNE ÉTUDE SUR LA MORALE STOÏCIENNE
UNE NOTICE BIOGRAPHIQUE
DES NOTES HISTORIQUES ET PHILOSOPHIQUES
ET DES ÉCLAIRCISSEMENTS

PAR

LIONEL DAURIAC

Professeur à la Faculté des lettres de Montpellier

PARIS

ANCIENNE LIBRAIRIE GERMER BAILLIÈRE ET Cie
FÉLIX ALCAN, ÉDITEUR
108, BOULEVARD SAINT-GERMAIN, 108

1886

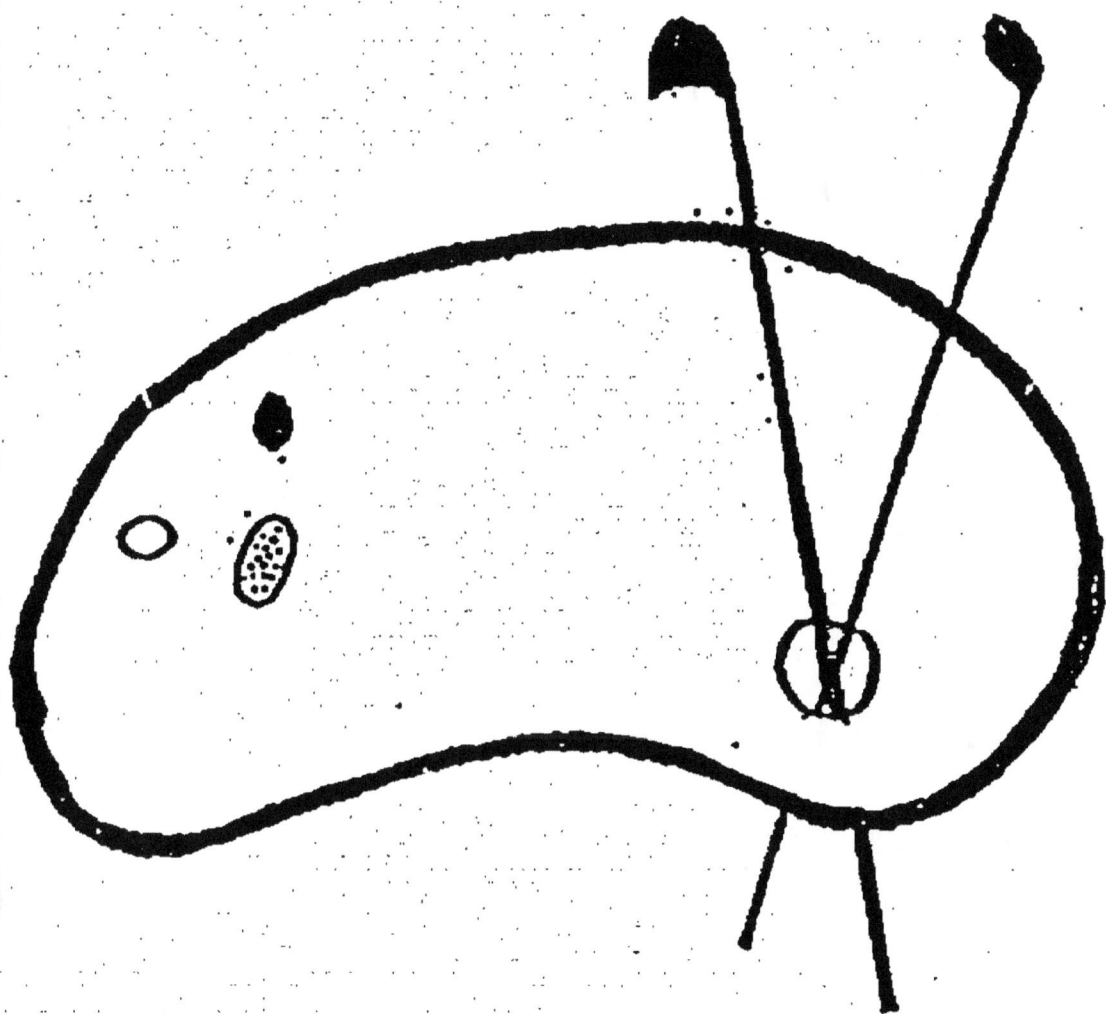

FIN D'UNE SERIE DE DOCUMENTS
EN COULEUR

SÉNÈQUE

—

LETTRES A LUCILIUS

BIBLIOTHÈQUE CLASSIQUE D'OUVRAGES PHILOSOPHIQUES

AUTEURS
Devant être expliqués dans les classes de philosophie
Conformément aux programmes de l'enseignement secondaire classique prescrits par arrêté du 22 janvier 1885

AUTEURS FRANÇAIS

DESCARTES. — *Discours sur la méthode ; première méditation*, avec notes, introduction et commentaires par M. V. BROCHARD, professeur de philosophie au lycée Condorcet. 1 vol. in-12, 2e édition.. 2 fr.
DESCARTES. — *Les principes de la Philosophie*, livre Ier, avec notes, par M. V. BROCHARD, professeur au lycée Condorcet. 1 vol. in-12, broché.................... 1 fr. 25
LEIBNIZ. — *Monadologie*, avec notes, introduction et commentaires par M. D. NOLEN, recteur de l'Académie de Douai. 1 vol. in-12...................... 2 fr.
LEIBNIZ. — *Nouveaux essais sur l'entendement humain*, avant-propos et livre Ier, avec notes par M. Paul JANET, professeur à la Faculté des lettres de Paris. 1 vol. in-12... 1 fr.
MALEBRANCHE. — *De la recherche de la vérité*, livre II (de l'Imagination), avec notes, par M. Pierre JANET, professeur au lycée du Havre. 1 vol. in-12..... 1 fr. 80
PASCAL. — *De l'autorité en matière de philosophie*. — *De l'esprit géométrique.* — *Entretiens avec M. de Sacy*, avec notes par M. ROBERT, doyen de la Faculté des lettres de Rennes. 1 vol. in-12.. 1 fr.
CONDILLAC. — *Traité des sensations*, livre Ier, avec notes, par M. Georges LYON, professeur au lycée Henri IV, 1 vol. in-12............................... 1 fr. 40

AUTEURS LATINS

LUCRÈCE. — *De natura rerum*, livre V, avec notes, introduction et commentaires, par M. Georges LYON, professeur au lycée Henri IV. 1 vol in-12............. 1 fr. 50
CICÉRON. — *De natura deorum*, livre II, avec notes, introduction et commentaires, par M. PICAVET, agrégé de l'Université. 1 vol. in-12....................... 2 fr.
CICÉRON. — *De officiis*, livre Ier, avec notes, introduction et commentaires par M. BOIRAC, professeur au lycée Condorcet. 1 vol. in-12...................... 1 fr. 40
SÉNÈQUE. — *Lettres à Lucilius* (les 16 premières), avec notes, par M. DAURIAC professeur à la Faculté des lettres de Montpellier. 1 vol. in-12............. 1 fr. 25

AUTEURS GRECS

XÉNOPHON. — *Mémorables*, livre Ier, avec notes, introduction et commentaires, par M. PENJON, professeur à la Faculté des lettres de Douai. 1 vol. in-12........ 1 fr. 25
PLATON. — *La République*, livre VI, avec notes, introduction et commentaires, par M. ESPINAS, professeur à la Faculté des lettres de Bordeaux. 1 vol. in-12...... 2 fr.
ARISTOTE. — *Étique à Nicomaque*, livre X, avec notes, introduction et commentaires, par M. L. CARRAU, directeur des conférences de philosophie à la Faculté des lettres de Paris. 1 vol. in 12....................................... 1 fr. 25
ÉPICTÈTE. — *Manuel*, avec notes, introduction et commentaires, par M. Montargis, agrégé de l'Université. 1 vol. in-12................................ 1 fr.

OUVRAGES SCIENTIFIQUES POUR LA CLASSE DE PHILOSOPHIE

RICHE. — *Cours de chimie.* 1 vol. in-12 cartonné, 2e édition................ 3 fr. »
DUFET. — *Cours élémentaire de physique.* 1 fort volume in-12, avec 643 figures dans le texte, cartonné... 10 fr. »
LE MONNIER. — *Anatomie et physiologie végétales.* 1 vol. in-12, avec figures. 3 fr. »
PORCHON. — *Éléments d'arithmétique.* 1 vol. in-12, cart............... 2 fr. »
PORCHON. — *Éléments de géométrie.* 1 vol. in-12, cart................. 3 fr. 50
PORCHON. — *Éléments d'algèbre.* 1 vol. in-12, cart................... 2 fr. 50
PORCHON. — *Éléments de cosmographie.* 1 vol. in-12, cart............. 3 fr. 50

BIBLIOTHÈQUE CLASSIQUE D'OUVRAGES PHILOSOPHIQUES

SÉNÈQUE

AD LUCILIUM

EPISTOLÆ SEXDECIM

NOUVELLE ÉDITION

AVEC UNE ÉTUDE SUR LA MORALE STOÏCIENNE
UNE NOTICE BIOGRAPHIQUE
DES NOTES HISTORIQUES ET PHILOSOPHIQUES
ET DES ÉCLAIRCISSEMENTS

PAR

LIONEL DAURIAC

Professeur à la Faculté des lettres de Montpellier

PARIS

ANCIENNE LIBRAIRIE GERMER BAILLIÈRE et Cⁱᵉ

FÉLIX ALCAN, ÉDITEUR

108, BOULEVARD SAINT-GERMAIN, 108

1886

INTRODUCTION

LA MORALE DES STOÏCIENS

I

On divisait autrefois les écoles de morale en trois groupes : d'abord, et au bas de l'échelle, le groupe des sensualistes au sens propre du mot, pour lesquels le bien n'est autre que le plaisir ; au-dessus le groupe des utilitaires ; puis au sommet les représentants de la morale du devoir. Les philosophes stoïciens appartiennent tous à cette catégorie.

Autre chose est prescrire à l'homme d'ajourner toute recherche d'un plaisir immédiat, ou même d'y renoncer, de subordonner l'agréable à l'utile, le présent au futur ; autre chose est lui offrir comme fin suprême de son activité ici-bas le perfectionnement de sa vie intérieure et le développement plein et entier de toute sa personne morale. Toutefois une distinction veut être faite et cette distinction importe. On a coutume de dire qu'en morale l'acte vaut bien quelque chose, mais que « c'est l'intention qui vaut le plus ». S'il en est ainsi, nous devons reconnaître qu'il ne suffit point de recommander certains actes de préférence à d'autres : on doit encore nous dire dans *quelles dispositions intérieures d'esprit ou d'âme* ils veulent être accomplis. Si je reconnais qu'après tout mon intérêt conseille de m'instruire, de me faire aimer de ceux qui m'entourent et de les aimer, d'exercer mon courage et de m'habituer à vaincre mes instincts les plus rebelles, si j'atteins le but proposé, j'aurai l'approbation des moralistes de l'école du devoir ; tout ce qu'ils ordonnent, ne me serai-je pas efforcé de l'accomplir ?

Et cependant je serai resté utilitaire. J'aurai agi *conformément au* devoir, je n'aurai point agi *par* devoir. Donc il y a lieu de distinguer deux choses : l'*objet* même de l'acte, sa *matière* ; l'état intérieur du *sujet* qui accomplit l'acte, les motifs auxquels obéit l'agent moral et qui, selon le stoïcisme, constituent le fond essentiel de la moralité.

Avant le stoïcisme la distinction n'avait pas été faite, et les préoccupations des philosophes avaient été presque exclusivement d'ordre objectif. On commandait aux hommes un certain nombre d'actes déterminés avec plus ou moins de rigueur, mais on s'en tenait là. On conseillait à l'homme d'aimer la vertu pour les avantages qu'elle apporte, et non pour elle-même. Aristote définissait ainsi l'homme de bien : « celui qui prend plaisir à faire des actes de vertu, » et par là il semblait tenir compte et des manifestations *objectives* de la moralité et des dispositions *subjectives* qui l'accompagnent. Qu'on ne s'y trompe point, cependant : ce plaisir, qui est selon Aristote le couronnement de l'acte moral, d'où nous vient-il ? prend-il sa source dans les avantages extérieurs que la vertu procure, dans la conscience du bien qui en résulte autour de nous, ou plutôt dans un contentement de l'âme fière d'avoir compris ce qu'elle se doit à elle-même et d'avoir rendu un juste hommage à sa dignité ? Quand l'auteur de la *Morale à Nicomaque* nous vante les charmes de la vertu et surtout les jouissances qui naissent des vertus intellectuelles, il y a, ce nous semble, dans ces plaisirs délicats, quelque chose par quoi nous restons encore attachés au monde extérieur : ce sont là des plaisirs d'artistes et dont la source est ailleurs qu'en nous-mêmes. Donc la vertu péripatéticienne à laquelle l'amour de ces plaisirs élevés sert en quelque sorte de véhicule, n'est pas la vraie vertu, le vrai bien de l'âme, cette joie pure de toute volupté, qu'elle va chercher au plus profond d'elle-même, et qui tient tout à la fois de l'admiration et du respect : telle est la vertu stoïcienne. Ce n'est pas assez dire : cette joie qui naît de la vertu, les stoïciens ne veulent pas qu'elle se confonde avec elle. Par là encore, et par là surtout, ils s'éloignent d'Aristote, et annoncent à plusieurs siècles de distance la doctrine kantienne.

Les textes sont nombreux qui témoignent de cette conception de la moralité profondément originale et en même temps profondément humaine : « Où est le bien? nous dit Épictète. Dans le choix volontaire. Où est le mal? Dans le choix volontaire. » Donc il n'est d'autre bien que le bien librement voulu : la volonté seule est bonne. Tout le reste est en dehors du bien et du mal, car tout le reste est en dehors de nous. Ainsi débute le *Manuel* du même Épictète par cette distinction hardie entre les choses qui nous sont soumises et celles qui nous sont étrangères.

Dire qu'il n'est d'autre bien que l'état d'une âme libre et capable de vouloir, c'est déclarer que nos actes extérieurs ne sauraient valoir, isolés de l'acte de volonté qui en est le principe.

Et encore parler de nos actes extérieurs, c'est tenir un langage que n'accepterait pas un philosophe disciple de Zénon : à bien prendre les choses, cela seul est nôtre, qui vient de notre volonté; ne confondons point notre volonté qui seule est capable d'agir, avec les effets matériels ou extérieurs de notre vouloir. Donc deux actes qui pour le spectateur aboutissent au même résultat, peuvent aux yeux de qui se résout à les accomplir ne se ressembler en rien.

On a dit de Kant qu'il plaçait la moralité dans la *forme* et non dans la *matière* des actes; on le dira des stoïciens et l'on aura raison. En effet, si d'une part on appelle *matière* d'un acte, cet acte vu du dehors et considéré dans ses effets, si d'autre part on donne le nom de *forme* à la disposition d'esprit qui le fait naître; si d'un autre côté on se ressouvient, aidé de l'expérience personnelle, que deux actes extérieurement identiques n'ont presque jamais même raison d'être, émanant chacun d'un mobile ou d'un motif différent, il sera clair désormais que, selon l'interprétation des stoïciens et de Kant, les deux actes en question n'ont pas même valeur, ne se ressemblent point.

La seule chose absolument bonne est la bonne volonté : agir en vue du bien moral et par respect pour ce bien, tel est le propre de la vertu. Voilà qui est dit; mais comment espérer vivre selon cette doctrine qui n'est en dernière analyse qu'une doctrine de renoncement? A première vue la morale stoïcienne paraît s'adresser moins à des hommes qu'à des demi-dieux qu'il s'agira d'amener à l'état de divinité parfaite : or une morale, ainsi élevée au-dessus de l'homme, court le risque de le surprendre sans le séduire et d'avoir autour d'elle un plus grand nombre d'admirateurs que de disciples. L'inconvénient est sérieux et nous verrons tout à l'heure comment il peut y être remédié.

Voici qui est plus grave. Après s'être dit qu'il est impossible ou presque impossible de faire le bien par respect pour lui-même et sans se donner comme un avant-goût des avantages extérieurs qu'on sait pouvoir en retirer, après avoir reconnu que la morale stoïcienne nous propose un idéal absolument inaccessible, on s'expose à tomber précisément dans l'excès contraire et à raisonner comme il suit : « On nous enseigne que l'intention constitue à elle seule » la bonté morale : qu'il suffit pour être honnête, de vouloir libre- » ment ce que l'on veut, quelle que soit d'ailleurs la chose voulue; » mais quoi de plus simple?... » Inutile d'insister : nous avons tous présents à l'esprit les sophismes de ces prétendus directeurs de conscience, qui, pour nous reposer d'un remords, ne craignent pas de nous exposer dans la suite à des fautes sans cesse renaissantes et desquelles nous n'aurons même plus à nous repentir, car on ne se repent jamais d'une bonne intention.

Voilà certes une conséquence à laquelle les stoïciens ne s'atten- daient guère et nous hésiterions à la formuler nous-même, si d'autres n'avaient pris les devants.

Il importe d'examiner de plus près et de rechercher jusqu'à quel point le reproche a sa raison d'être.

On remarquera, je l'espère, et tout d'abord, que la distinction entre la *forme* et la *matière* de la moralité commune, et à l'école du *Portique* et à la doctrine de Kant, ne veut pas être interprétée comme si elle creusait entre l'une et l'autre une distance infran- chissable. L'homme n'est pas esprit pur, et, par conséquent, il ne voudra jamais qu'à une condition : c'est de faire effort pour réali- ser ce qu'il aura voulu. Toute volonté n'est digne de ce nom, que si à la volonté d'agir se joint un commencement d'exécution. Il y donc loin de cette *intention* absolument détachée de l'acte, et qui, fort heureusement, n'est qu'une invention des casuites, à cette *intention d'agir*, intimement liée à la fin matérielle poursuivie, et grâce à laquelle, d'une volonté vraiment bonne, il ne peut sortir d'actes matériellement mauvais.

On a tort de se représenter le principe de la morale stoïcienne, comme un cadre vide de tout contenu, et que chacun d'entre nous peut en quelque sorte remplir à sa guise. Ainsi, par exemple, pour arriver à cet état de perfection ou de quasi-perfection dans lequel la volonté règne et gouverne sans obstacles, il faut de toute nécessité que les passions fassent silence et que notre âme soit désormais insensible aux attraits du désir. Parler d'une volonté libre, c'est parler d'une volonté raisonnable ; or comment, lorsqu'il nous est prescrit de vivre selon la raison, nous hasarderions-nous à dire qu'on nous donne là une règle stérile et qui vient aisément se plier à la volonté de chacun ? Donc encore une fois cette idée, chère aux stoïciens, que le bien suprême réside dans la volonté raisonnable, est une idée pleine de conséquences: c'est un principe gros de maximes et nous allons, dès à présent, en essayer la preuve.

D'abord la volonté libre ne fait qu'un avec la volonté raisonnable : l'homme répudiera les passions, et non content de les refouler, il s'efforcera de les déraciner. Première conséquence.

Ensuite, la raison étant la même chez tous les hommes, puisqu'il n'y a dans ce monde qu'une seule raison, nos actes qui auront un caractère raisonnable, revêtiront en même temps un caractère universel. Ici encore le stoïcisme et Kant se rencontrent : « *Agis* » *d'après une maxime qui puisse s'ériger elle-même en une loi* » *universelle.* » (Kant, *Fondements de la métaphysique des mœurs.*) Cette formule, les stoïciens ne l'ont pas énoncée en ces termes, mais elle se dégage nettement de leurs principes.

Le bien est identique à la raison, qui pénètre toute chose et qui est partout identique à elle-même dans la nature aussi bien que dans l'homme: on pourra dès lors à cette formule : *vivre raisonnablement*, substituer cette autre : *vivre selon la nature.*

Ici, il faut s'entendre. Chaque être a sa nature particulière : ainsi la plante, ainsi l'animal, ainsi l'espèce humaine. Par où l'on voit que la science des mœurs repose en dernière analyse sur la science de l'homme. Pour savoir ce qui convient à l'homme il est indispensable de le bien connaître : la détermination de sa fin particulière suppose la détermination de sa nature essentielle ou, comme le dit Sénèque (*Epist.* 121), de sa *constitution*. Le maintien de cette constitution, voilà l'objet même de la morale, parce qu'il est en même temps l'objet de l'inclination naturelle des êtres. En nous apparaît la raison, principe recteur de l'activité mentale (ἡγεμονικὸν); c'est ce qui en nous, pense et veut, c'est ce qui nous élève au-dessus des autres êtres et par conséquent doit commander à tout le reste.

Ce précepte : *sequere naturam* est celui qui résume ordinairement la philosophie morale des stoïciens : cette formule leur vient des cyniques. Ils se sont emparés des termes, rien que des termes; ils ont approfondi le sens du mot nature et l'ont fait synonyme de raison.

La raison est à la fois cause et substance du monde, parce que le monde est un *tout sympathique* où règne l'ordre, où tout est disposé harmonieusement. De là encore une nouvelle transformation du précepte : *vivre selon la nature* sera vivre en harmonie avec le monde et avec soi-même. La vie raisonnable se définira fort bien : *la vie harmonieuse.* « O monde, dira Marc-Aurèle, j'aime ce que tu aimes ! »

Si la raison est une, il ne saurait y avoir deux manières de lui obéir : d'où l'unité de la vertu. Ce n'est pas assez dire : si la raison est une, la vertu n'aura point de degrés. Elle ne sera plus, comme le voulait Aristote, un milieu entre deux excès contraires, elle sera ou ne sera point. De là cette assertion qui côtoie le paradoxe, à savoir que toutes les fautes sont égales.

Le sens commun proteste. Regardons-y de plus près et tâchons d'interpréter avec soin. D'abord, les stoïciens ont toujours reconnu que la sagesse n'entrait point de plain-pied dans nos âmes, qu'il fallait la vouloir et s'avancer progressivement vers elle : chaque jour, quand on le veut, on abrège la distance et chaque jour nous rapproche de l'absolue sagesse. Le mieux conduit au bien : ainsi pensait Chrysippe lorsqu'il prétendait que le sage ne s'aperçoit point qu'il l'est devenu (1); dès lors, prendre au pied

_____

(1) « Ainsi, sans posséder la sagesse absolue, on peut en approcher » plus ou moins, ce sont les divers degrés du progrès (προκοπή). A la » vérité ce progrès n'est point, comme les péripatéticiens le voulaient, un

de la lettre la doctrine de l'égalité des fautes, c'est faire un contre-sens. Pour l'homme qui marche vers la sagesse, il n'en est pas ainsi. Mais pour l'homme qui a conquis la sagesse, et qui par conséquent est en possession de l'absolu moral, les choses changent d'aspect : « Faillir, c'est en quelque sorte franchir une ligne de » démarcation ; sitôt qu'on l'a dépassée, la faute est commise ; » quand on irait aussi loin que possible, tous les autres pas ne » peuvent l'aggraver. Personne n'a certainement le droit de fai-» blir. Du moment qu'il est prouvé qu'une chose n'est pas per-» mise, c'est un point indivisible, elle ne l'est pas. Si donc, la » faute n'est susceptible ni de plus ni de moins, puisqu'elle » n'existe que par la défense, qui est une et toujours la même, on » doit conclure que toutes les fautes naissant de cette défense » sont absolument égales. Si les vertus sont égales entre elles, il » est nécessaire aussi que les vices soient égaux. Or, il est aisé » de reconnaître que les vertus sont égales, et qu'il n'y a pas de » plus honnête homme que l'honnête homme, de plus tempérant » que le tempérant, de plus brave que le brave, de plus sage » que le sage (1). »

De même, quand il nous est dit que la vertu est une, on ne veut pas nous faire entendre qu'elle ne peut donner lieu à une grande variété d'actes : aussi les stoïciens eux-mêmes ont-ils su distinguer la prudence du courage, la justice de la tempérance. Mais toutes ces vertus sont égales, et l'on peut affirmer qu'elles n'en font qu'une, ayant toutes leur principe dans la volonté raisonnable et naissant toutes du même fonds. « Les stoïciens, nous dit » Diogène de Laërte, pensent que les vertus sont tellement unies, » que celui qui en a une les a toutes.... Le sage fait certaines » choses par esprit de choix, d'autres avec patience, celle-ci avec » équité, celle-là avec persévérance ; il est en même temps pru-» dent, courageux, juste et tempérant. »

» milieu entre le vice et la vertu, entre la folie et la sagesse. Ceux qui » approchent le plus demeurent toujours parmi les insensés, comme une » ligne courbe à quelque point qu'elle approche d'une droite n'en » demeure pas moins une courbe. Mais l'approximation peut être poussée » si loin que la différence devienne inappréciable. » (Ravaisson, *Métaphysique d'Aristote*, t. II, p. 217.)

(1) Cicéron. *Les paradoxes*, § III.

On le voit : les *paradoxes* des stoïciens resteront des paradoxes pour tous ceux qui traiteront la morale comme une science *objective*. Or nous en avons assez dit pour qu'il soit désormais entendu que le stoïcisme a déplacé en quelque sorte le centre de la moralité : ce ne sont plus les choses qui sont bonnes, mais seulement la volonté qui décide de leur réalisation. Mais la bonne volonté est une, et aussi la droite raison qui ne fait qu'un avec elle : de ce point de vue, la diversité des actions disparaît, puisque c'est là une diversité tout intrinsèque et qui, moralement parlant, ne compte pas. Donc les choses n'ont point de valeur morale, ni les choses du monde extérieur, ni les dons de l'âme, tant qu'ils ne servent pas à accomplir le bien.

Ainsi s'expliquera cet autre paradoxe, à savoir que la douleur n'est pas un mal : « On pouvait bien rire du stoïcien, qui s'é- » criait au milieu des plus vives souffrances de la goutte : « Dou- » leur ! tu as beau me tourmenter, je n'avouerai jamais que tu » sois un mal ! » Il avait raison ; ce qu'il ressentait était un mal » physique, et ses cris l'attestaient ; mais pourquoi eût-il ac- » cordé *que c'était quelque chose de mauvais en soi ? En effet,* » *la douleur ne diminuait pas le moins du monde la valeur de* » *sa personne* (1). » La douleur n'est pas un mal ni le plaisir un bien : l'un et l'autre prennent rang au nombre des choses *indifférentes*.

Si maintenant, l'on considère ces choses indifférentes et qui se tiennent en quelque sorte dans des régions inférieures à la moralité, on ne saurait toutefois, sans erreur, les estimer ou les mépriser toutes également. En regard du bien elles sont toutes également *neutres* (ἀδιάφορα), puisque par elles-mêmes elles n'ont rien de commun avec lui : en regard les unes des autres elles comportent un certain degré d'estimation qui varie selon les objets. Par là il est permis de les appeler, non point toutes, mais un certain nombre d'entre elles : « choses *préférables* (προηγμενα) » (2).

Le génie, la culture des beaux-arts, la santé, la beauté du visage et du corps, la force physique et l'art de s'en servir avec adresse, enfin les biens de la fortune, la jouissance d'une bonne

(1) Kant, *Critique de la raison pratique*, trad. Barni.
Diogène de Laerte, liv. VII.

renommée, tout cela sans doute n'est rien à côté de la vertu, mais participer à ces avantages, *vaut mieux* qu'être pauvre, chétif, malade, lourd d'esprit. Au fond ces choses soi-disant indifférentes constituent la *matière* de la vie vertueuse et l'estimation de leur valeur *relative* importe au premier chef quand on passe de la morale spéculative à la morale pratique.

Les choses *préférables* apportent quelque contentement à qui les possède. Est-il permis de s'abandonner à ce contentement? Est-il permis surtout de désirer ces biens de second ordre quand la nature nous les a refusés? D'abord il est à remarquer qu'un grand nombre de ces avantages nous arrivent par la faveur du sort ou la grâce de la Providence, donc il est superflu de désirer avec ardeur ces choses inutiles. Aussi bien à les regretter avec amertume, on se met en la dépendance des choses extérieures, ce qui est contraire au devoir. Tout au plus le sage auquel sourit la fortune est-il fondé à se réjouir si de ces biens il fait un bon usage et s'il les fait servir au triomphe de la vertu.

Ainsi les stoïciens échappent au reproche que nous leur adressions tout d'abord : l'idéal qu'ils ont rêvé pour l'homme est peut-être au-dessus de l'homme. Mais il est bon d'y aspirer et de faire effort pour y atteindre : cela ne nous est pas interdit. Le but, nous le connaissons : vouloir le bien pour lui-même. Les moyens, nous les connaissons encore : vivre selon la raison et lutter sans relâche contre le désir, disons mieux, contre les penchants qui ne tendent à rien d'estimable et dont la satisfaction n'ajoute rien à notre dignité. Écoutons plutôt Diogène de Laërte :

« Les stoïciens appellent *devoir* une chose qui emporte qu'on
» puisse rendre raison pourquoi elle est faite, comme par exemple
» que c'est une chose *qui suit de la nature de la vie* en quel sens
» l'idée de devoir s'étend jusqu'aux plantes et aux animaux; car
» on peut remarquer des obligations dans la condition des unes
» et des autres. Ce fut Zénon qui le premier se servit du mot
» grec qui signifie *devoir* et qui veut dire originairement : *venir*
» *de certaines choses.* Le devoir même est l'opération des institu-
» tions de la nature : car, *dans les choses qui sont l'effet des pen-*
» *chants, il y en a qui sont des devoirs et il y en a qui sont*
» *contraires aux devoirs;* il y en a qui ne sont ni devoirs, ni
» contraires aux devoirs. Il faut regarder comme des devoirs

1.

» *toutes les choses que la raison conseille de faire*, par exemple
» *d'honorer ses parents, ses frères, sa patrie, et de converser*
» *amicalement avec ses amis*, etc. »

Donc la morale stoïcienne ne reste pas confinée dans le domaine
abstrait de la spéculation, non seulement elle nous prescrit de
rester raisonnables, mais elle nous trace un plan de conduite et
nous apprend ce que la raison exige de nous.

Il est maintenant établi, je l'espère du moins, que le stoïcisme
a su connaître l'homme : il le veut plus grand que la nature ne
l'a fait quand elle l'a jeté en plein monde, mais il croit que cette
nature a déposé en lui des germes de grandeur. Il fait plus,
car il nous montre la route à suivre et comment nous devons
en user avec nous pour nous élever au-dessus de nous-mêmes.

II

On connaît l'esprit de la morale stoïcienne et quelles en sont
les grandes lignes : on a dit ce qu'il y a en elle de durable et
ce que l'homme lui doit de reconnaissance pour avoir beaucoup
espéré de ses forces. Mais cette morale comment s'est-elle déve-
loppée? Quel est pour ainsi dire le milieu métaphysique au sein
duquel s'est opérée son évolution? Nous l'ignorons encore et il
nous importe de l'apprendre.

La morale, selon les stoïciens, n'est qu'une province de la philosophie, la plus importante de toutes, non la seule. Pour se diriger il faut se connaître soi-même, et en même temps, les êtres du
monde extérieur, avec lesquels il nous faut compter. Des circonstances qui nous entourent, il en est qui s'opposent à la libre ex-
pansion de notre activité, et ces circonstances ne viennent point
toutes de nos semblables. La science universelle sera donc en
quelque sorte le vestibule de la morale et cette science sera la
Physique.

Mais la science n'est rien, si l'on ne peut apprécier la valeur
des enseignements qu'elle nous donne, et l'aptitude de l'esprit à
les recevoir : de là un nouvel objet d'étude, *la Logique.*

La science de l'*objet* ou *Physique* se complète nécessairement par la science du *sujet* ou *Logique*, et des seuls principes de la science peuvent être déduits les principes de la morale. A cet égard, les stoïciens paraissent unanimes. De plus, ils s'accordent à mettre la Logique au-dessous de la Morale et de la science de la nature. La Logique, c'est la coque de l'œuf; le blanc et le jaune, ce sont la Physique et la Morale, toutes deux de première importance et d'importance égale. La vertu parfaite fait l'homme l'égal des Dieux, et c'est par la Physique que nous apprenons quelle est la nature divine; la physique stoïcienne est en même temps une théologie (1).

Exposer dans ses détails la philosophie première de Zénon de Cittium nous entraînerait trop loin. Il nous suffira d'en marquer les grandes avenues, celles qui conduisent au seuil de la morale.

On a vu que la sagesse ne fait qu'un avec l'obéissance à la Raison, et que la Raison gouverne tout ici-bas. Cette raison n'est pas, comme on pourrait le croire, l'attribut essentiel d'un esprit pur. C'est l'attribut du feu céleste, matière éminemment raréfiée, matière néanmoins, car ce feu, plus subtil que l'air, est un souffle. Ce feu raisonnable, que les stoïciens appellent encore feu artiste, pénètre tous les corps et pénètre partout sans obstacle. Il se meut au sein de la matière et devient la source des mouvements variés qui l'animent, aussi bien que des formes multiples dont elle se pare. Il est à la fois forme et force, source de vie et de beauté: de là les noms de λόγος σπερματικός et de τεχνικὸν πῦρ (2).

Il est principe d'ordre et de beauté; donc, vivre conformément à la raison, c'est vivre de la vie harmonieuse. Il est principe de force; donc la vertu résidera dans l'énergie du vouloir, dans l'effort pour se vaincre soi-même. Nulle philosophie n'a donné plus d'importance à la notion de force que la philosophie stoïcienne. Si le feu est la source de l'ordre qui règne en ce monde, c'est qu'il est en même temps un principe de cohésion; c'est lui qui maintient rapprochées les unes des autres les différentes parties du corps, et qui les empêche de se dissoudre. Le feu est une cause

(1) Cf. Renouvier. *Manuel de philosophie ancienne*, t. II, p. 281.
(2) Cf. Ravaisson. *Mémoire sur le stoïcisme. — Mémoires de l'Académie des inscriptions et belles-lettres*, t. XXI, 1857.

active, une *tension* aériforme (τόνος ἀεροειδὴς), un être ou plutôt
l'être unique, dont l'essence est de faire effort. Sortez du monde
physique et appliquez au monde moral cette conception du τόνος,
vous en déduirez immédiatement que l'ordre s'accomplit en nous
comme hors de nous par la lutte, qu'il naît de l'habitude de vaincre.
Vivre, c'est combattre.

Il reste maintenant à se demander s'il dépend de nous d'être
vainqueurs : sommes-nous libres, au sens propre du mot, je veux
dire capables de choisir volontairement entre le bien et le mal?
La morale exige le libre arbitre ; elle le *postule*, pour me servir
du terme kantien ; or la métaphysique stoïcienne est une métaphysique panthéiste.

Venus après Aristote, les stoïciens n'avaient qu'à le suivre pour
accorder à l'âme humaine le pouvoir de se résoudre librement.
Aristote n'est pas leur maître, et leur *métaphysique*, à peine digne
de ce nom, a été puisée à d'autres sources. Leur maître est Héraclite. Comme tous les physiciens de l'école d'Ionie, le philosophe
d'Éphèse explique le monde par un seul principe : multiple en
apparence, le monde est un être unique ; tout est feu. Ce feu est
pénétré de raison : la raison de l'homme participe de cette
cause raisonnable et se confond avec elle. « Est Deus in nobis. »
Cette doctrine de l'unité de l'être aura pour conséquence l'absolu
déterminisme. Héraclite l'a prévu et l'a nettement exprimé. Les
stoïciens feront comme Héraclite. Leur Providence sera l'inflexible
destin : « Semel jussit, semel paret. » « Εἱμαρμένη... λόγος καθ' ὃν
ὁ κόσμος διεξάγεται (1). » Dieu sait tout et fait tout. « Le monde est
» un animal ; la cause qui le meut est donc une âme, âme supé-
» rieure à toutes les autres. Dieu est l'être le plus subtil et le
» plus rare, le plus céleste au degré le plus élevé de tension, par
» conséquent la raison la plus droite et la plus infaillible. Il est
» uni étroitement avec la matière qui est le monde : il circule
» dans le monde comme le miel court dans les cellules d'un rayon.
» Il le pénètre dans toutes ses profondeurs, en embrasse l'im-
» mense contour, l'occupe par le dedans et le dehors. « Intra et
» extra tenet. » C'est en se mouvant lui-même qu'il le meut. Le
» monde n'est qu'un développement de Dieu (1). »

(1) Cf. Ravaisson, *loc. cit.*

Par conséquent, tout est prédéterminé ; bon gré, mal gré, ce que Dieu veut doit s'accomplir. Dieu s'obéit à lui-même ; l'homme doit obéir à Dieu.

« S'il le doit, il le peut. » Ainsi raisonnerait un disciple de Kant. Mais la logique du système est inflexible, et croire à l'unité de l'être, c'est croire à l'universelle et immuable nécessité. Si l'homme, selon la forte expression de Sénèque, n'est qu'un *membre* du corps divin, la liberté ne sait plus où se prendre.

Et cependant l'idée de liberté, disons mieux, de volonté maîtresse d'elle-même et ne relevant que d'elle seule, nous la trouvons en germe chez les premiers stoïciens : il était réservé au sage Épictète de lui donner son expression définitive : « N'as-tu » rien dont tu sois le maître ? — Je ne sais pas. — Peut-on te » forcer à approuver ce qui est faux ?—·Non.—Quelqu'un peut-il » te forcer à vouloir ce que tu ne veux pas ? — On le peut ; car en » me menaçant de la mort ou de la prison, on me force à vouloir. » — Mais si tu méprisais la mort ou la prison t'inquiéterais-tu » encore de ces menaces ? — Non. — Mépriser la mort est-il en » ton pouvoir ? —Oui. — Ta volonté est affranchie (1) ! »

L'homme est libre de vouloir. D'un autre côté, l'homme ne peut rien sur le cours des choses, donc il est libre de vouloir la nécessité. Cette liberté, pour être stérile, à n'en considérer que les effets extérieurs, n'en est pas moins féconde pour l'âme qui sait en faire usage : elle donne la sagesse, elle est la sagesse même. On est sage quand on veut ce que la raison exige ; mais la raison est divine, elle est la souveraine providence qui a réglé tout le détail des choses en vue de l'ordre universel· donc consentir à ses décrets immuables, c'est identifier son vouloir à la volonté divine. Le chrétien dit à Dieu : *Fiat voluntas tua;* il ne se révolte pas, il se résigne. Le stoïcien ne se contenterait point d'une résignation qui tient trop de l'humilité ; il n'entend pas fléchir le genou devant une puissance supérieure à la sienne, il prétend s'élancer jusqu'à elle et prendre en quelque sorte sa part du gouvernement du monde. Voilà bien cette superbe vraiment *diabolique,* dont s'effrayait l'auteur des *Pensées!*

Cette liberté de l'âme ne peut sortir de l'âme : ce n'est point à

_____

(1) Épictète. *Entretiens,* IV, trad. Courdaveaux.

certains égards la liberté d'agir, mais bien et surtout la liberté de juger. Un être chéri de nous succombe : l'événement est accompli, il n'y a pas à y revenir. Mais avant qu'il ne fût consommé, le malheur était inévitable. Qu'allons-nous faire? nous révolter? Peine perdue. Nous résigner? pourquoi? On se résigne à un mal, à un désordre ; or nous savons que ce monde est bien ordonné, et que le mal n'existe que pour l'intelligence inhabile à comprendre. Le devoir du sage est clair : il niera que ce malheur en soit un ; il le jugera conforme à la volonté divine, et il se comportera désormais comme s'il l'avait voulu.

La douleur naît d'une opinion fausse; or l'âme est libre d'accepter ou de repousser les représentations qui viennent à la conscience : autre est *imaginer*, autre est *sentir.* Sentir, c'est adhérer à une représentation et y consentir. Juger est donc un acte de la volonté; ainsi pensait Descartes, ainsi pensaient les stoïciens; et c'est là peut-être le côté le plus profondément original de leur *logique* : « Probationes quas συγκαταθέσεις vocant, quibus eadem » visa nascuntur ac dijudicantur, *voluntariae sunt fiuntque homi-* » *num arbitratu* (1). »

Ainsi l'ordre immuable du monde ne souffre pas de notre libre arbitre, puisque cela seul est en notre pouvoir, de donner notre adhésion ou de la refuser. Mais cela, le pouvons-nous?

Il serait intéressant, d'examiner jusqu'à quel point le panthéisme accepterait cette thèse. A vrai dire, le panthéisme ne s'en accommode nullement, et moins que tout autre peut-être le panthéisme stoïcien.

La philosophie stoïcienne est nettement, sinon exclusivement matérialiste : tout y est corps, même l'esprit, même les notions abstraites, même la vérité. Donc tout se fait en ce monde par matière et mouvement, et nous sommes même dans nos jugements les esclaves d'un déterminisme absolument inflexible. Donc l'assentiment que l'on donne à la vérité ou à l'erreur est un assentiment nécessaire : nous sommes nécessités à vouloir. Les stoïciens ont beau faire, *liberté* est à leurs yeux synonyme de raison, de force d'âme,

(1) Aulu-Gelle. *Noct. attic.*, XIX, 1. Voir sur cette importante question la remarquable étude de M. Victor Brochard : *de Assensione stoïci quid senserint.* Paris, Germer Baillière, 1879.

d'affranchissement des passions. Quant à donner à ce terme le sens de *libre arbitre*, cela leur est interdit au nom même de leur métaphysique. Épictète, lui, semble n'avoir point reculé devant cette inconséquence; c'est qu'Épictète est seulement moraliste et n'a guère souci de la philosophie première. A ce point de vue, c'est un hétérodoxe, et qui se rapproche singulièrement des cyniques. Les cyniques admettaient le libre arbitre et s'en rapportaient à ce que l'on appelle aujourd'hui l'*évidence psychologique.*

La notion de libre arbitre échappe au stoïcisme. S'il faut tout dire, il nous semble que les stoïciens n'aient jamais compris non plus ce que l'on doit entendre par obligation morale. La vertu, qu'ils appellent le souverain bien, est à leurs yeux un objet digne de recherche, parce que vivre selon la vertu c'est vivre selon la droite raison, c'est se rapprocher de plus en plus de ce qu'il y a de meilleur au monde, c'est-à-dire de Dieu.

Sans doute c'est la loi d'un être de se conformer à sa nature et de rechercher le meilleur; sans doute la nature raisonnable est meilleure que la nature sensible, elle est d'un prix plus élevé. Ainsi pense le sage; mais l'homme qui n'est pas instruit, qui ne sait pas réfléchir, pensera autrement, et si la volupté lui semble le bien suprême, il la prendra pour guide.

Est-ce ainsi que les moralistes de l'école du devoir entendent la loi morale? Ils nous imposent la vertu, parce que la vertu est obligatoire, et non parce qu'elle est conforme à notre nature : ils nous l'imposent *catégoriquement*, sans condition. Fais le bien, c'est l'ordre, advienne que pourra.

Zénon et ses disciples raisonnaient autrement : la vertu est ce qu'il y a de meilleur, de plus désirable, de plus digne d'être recherché. — Soit; mais la vertu est-elle obligatoire? S'il est beau d'être sage, il reste encore à se demander jusqu'à quel point nous sommes tenus de réaliser en nous la beauté morale. Laisser cette question en suspens, voilà l'une des conséquences, et des plus graves, du panthéisme stoïcien.

En voici une autre. Les stoïciens connaissaient trop la nature humaine pour oublier qu'elle désire le bonheur et ils demandaient une récompense pour la vertu. Or leur panthéisme matérialiste leur interdisait l'espoir d'une vie future et les obligeait à de vains efforts pour démontrer qu'en ce monde le souverain bien peut être réalisé. Suprême sagesse et suprême béatitude, cela ne fait qu'un à leurs yeux. Le sage seul est heureux, seul il est riche, seul il est roi....

Mais combien arrivent à la sagesse? De l'aveu même des stoïciens le parfait sage ne s'est peut-être jamais rencontré ici-bas. Donc ici-bas l'effort pour être vertueux est un effort stérile, et ce n'est pas exagérer que de le reconnaître : ne sait-on pas que la sagesse est un absolu, qu'entre la sagesse et ce qui n'est pas elle il n'y a point de milieu? que marcher vers le bien ne suffit pas? que l'on n'a rien fait tant qu'il reste quelque chose à faire?

Donc, point de bonheur en ce monde : la vie ne peut donner à l'homme le seul bien désirable puisque la suprême vertu reste un idéal inaccessible. Donc la vie restera toujours au nombre des choses indifférentes, *relativement* bonne ou mauvaise selon les cas, et l'homme sera libre d'en sortir quand il n'en voudra plus supporter le fardeau. Il retournera à Dieu d'où il vient, il s'absorbera en lui, se confondra avec lui, et de sa personne rien ne subsistera plus. Marc-Aurèle se plaindra des Dieux qui ont ordonné les choses avec bonté pour les hommes, et qui cependant n'ont pas donné aux gens de bien, d'une vertu véritable, l'espoir de revivre après leur mort.

Marc-Aurèle se plaint avec raison quand il réclame pour le sage le droit à l'immortalité. C'est qu'en effet vivre dans le devoir, c'est vivre dans le renoncement : j'irais presque jusqu'à renverser la formule des cyniques et je dirais volontiers, vivre dans le devoir, c'est vivre *contrairement* à la nature. La nature, qu'est-ce autre chose, après tout, qu'un système d'instincts, d'inclinations, de tendances dont chacune prétend être satisfaite et l'être sans retard (1)?

Or, il faut discipliner ses tendances, souvent même il les faut anéantir et renoncer pour toujours au plaisir que l'on trouvait en elles. Et je ne parle pas seulement de ces tendances par où l'homme ressemble le plus à l'animal : il en est d'autres et celles-là purement humaines, et qui portent la marque de cette nature de

---

(1) Kant oppose sans cesse la nature et la raison. En cela il est plus près du sens commun que les représentants de la philosophie stoïcienne, chez lesquels l'usage du terme *nature* prête à l'équivoque.

laquelle seuls nous participons. Celles-là encore il les faut
vaincre. Si la vie est lutte, au fond, la vie est désordre. Mais,
« que l'ordre soit accompli », c'est encore une loi du monde.

On a coutume de fonder la croyance à l'immortalité personnelle,
sur nos aspirations inassouvies : nous espérons que nos désirs
non satisfaits ici-bas le seront ailleurs. Cet espoir est permis :
mais c'est tout. Parmi nos aspirations même les plus nobles, il en
est beaucoup que la Providence ne satisfera peut-être point et
qui nous laisseront en même temps que notre corps.

Le paradis rêvé par un Mozart, entrevu par un Raphaël, le ciel
décrit par Platon où le philosophe se complaît dans l'éternelle
possession de la vérité, tous ces mondes d'outre-terre ne sauraient pourtant convenir qu'à des imaginations terrestres. Dieu
ne doit rien au désir, il doit à la vertu et à la sagesse. Le vertueux et le sage ont aussi leur idéal, mais cet idéal ne doit pas
rester un rêve : ils aspirent à la perfection suprême, mais la
raison leur commande d'y aspirer. Nous sommes là en présence
d'aspirations d'un caractère obligatoire, et le règne de la vertu,
que nous désirons établir, est un règne qui *doit arriver*. Il y a
donc à distinguer deux sortes d'aspirations : celles dont nous
aimons à nous enchanter et qui ajoutent au charme de la vie
même quand elles ne sortent pas du rêve ; celles qu'il *faut* perpétuellement entretenir au fond de notre âme et perpétuellement vouloir réaliser. En ce monde jamais on ne les réalise et
voilà pourquoi la mort doit avoir un lendemain. Nous ne deman-
dons point l'immortalité comme une grâce, nous l'exigeons
comme un droit.

Autre chose est soutenir que l'homme a droit au bonheur,
autre chose est offrir à l'homme la perspective d'une survivance
pour l'aider à bien faire. On a dit qu'être vertueux, c'est l'être par
respect pour la vertu et non par espoir d'une récompense. Espérer
que Dieu nous tiendra compte de nos efforts et se complaire dans
cette espérance, c'est amoindrir le prix de nos actes et descendre
jusqu'à une sorte d'utilitarisme qui ne sied pas à la vraie vertu.

Mieux vaudrait, ce semble, ne jamais songer à la vie future et
faire le bien quand même : il est beau, il est grand de se délivrer de
l'espérance et de renoncer pour son propre compte à sa part d'immortalité. Qu'on y prenne garde, cependant ; cet héroïsme est-il

conforme au devoir? de ce qu'une chose est *belle*, en faut-il nécessairement conclure qu'elle est *bonne?* Ne point nous préoccuper de la vie future, cela nous est permis : n'y point croire, cela
nous est défendu. Renoncer à l'exercice d'un droit, c'est presque le
méconnaître. Il y a des bornes à tout, même à l'abnégation. Le
stoïciens ont franchi ces bornes, ils n'ont pas compris que la
croyance à l'immortalité de l'âme est impliquée dans le devoir,
qu'elle nous est imposée par le devoir et qu'en faire le sacrifice,
c'est sacrifier une grande part de ce respect qui est dû par tout
homme à la loi morale,

III

Les lignes qu'on vient de lire étaient écrites en octobre 1880.
Depuis ce temps, la curiosité des philosophes et des amateurs de
philosophie s'est tournée vers les problèmes de la morale. Les
uns, comme l'auteur des *Systèmes de morale contemporains*, ont
vigoureusement malmené la doctrine kantienne, les autres comme
l'auteur d'une thèse sur l'*Intention morale* (1) ont défendu la philosophie morale de Kant non toutefois sans de graves amende-
ments. Nous ne saurions penser trop de bien de ce dernier travail :
l'auteur âgé de vingt-sept ans à peine promettait beaucoup. Il est
mort l'année où paraissait son livre.

C'est le livre d'un stoïcien pessimiste qui s'efforce de maintenir
l'obligation morale et tâche de purifier cette obligation en écar-
tant tout espoir de survivance. Kant exige de nous le devoir par
respect pour le devoir; les stoïciens nous invitaient à l'accomplissement de l'ordre du monde par respect pour cet ordre même.
Les stoïciens, selon Charles Vallier, auraient compris mieux que
Kant tout ce que la notion du devoir implique, je me trompe, tout
ce qu'elle exclut. Tout impératif que l'on sait porter dans ses
flancs une espérance, comme celle d'une vie future, au prix
de laquelle tous les bonheurs terrestres ne sont rien, est-il un

(1) Paris, Alcan, 1883.

véritable *impératif?* Ne descend-il pas au rang de *persuasif?*
Et il ne faut point ajouter d'épithète. Il ne faut point dire
avec M. Fouillée « persuasif catégorique ». Ces deux mots se
heurtent. Tout ce qui persuade attire et tout ce qui attire est
de l'ordre des biens sensibles au sens large du terme. Persua-
dez un enfant de la nécessité d'obéir : il obéira sans effort,
sans contrainte. Autant dire qu'il n'obéira plus à proprement
parler. Là où est l'obéissance, là est aussi le sentiment d'une nécessité subie, d'un joug auquel il faudrait se soumettre, d'un esclavage volontaire et conscient. Pour qu'il y ait obligation morale
l'homme doit sentir sa chaîne. Pour que cette obligation reste
catégorique l'homme doit l'accomplir sans y être incliné.

Voilà le kantisme orthodoxe dans toute sa rigueur logique-
ment morale, non celui de Kant, mais celui de M. Vallier et aussi
sans doute des stoïciens. Alors le dernier mot du stoïcisme est le
même que celui des partisans de Schopenhauer. Et pourtant le
stoïcien n'est-il pas optimiste?

Il ne l'est que par habitude.

L'habitude dont je parle est la marque propre de l'esprit grec.
Profondément convaincue de la beauté du monde et de la bonté
des dieux, la race hellénique, de toutes les races civilisées, n'est-
elle pas la seule vraiment et profondément optimiste? Héraclite lui-même, qui n'est pas un pur Hellène et dont certains
fragments paraissent un écho du Rig-Véda, Héraclite croit à l'ordre
de l'univers et à l'harmonie intérieure qui maintient cet ordre.
Aux yeux du Grec la lumière du jour est bonne et il pleure quand
le moment approche où ses yeux ne la verront plus.

L'esprit grec a survécu à la nation grecque et les traditions
optimistes se sont conservées chez les derniers survivants de la
race. Mais à mesure que le stoïcisme s'éloigne de ses origines on
dirait que l'esprit nouveau l'a touché. Le dernier des stoïciens illustres demande aux dieux la vie future et se désole parce que les
dieux ne la réservent point au juste. On exagérerait peut-être à
dire que le stoïcisme est mort sur le seuil de la philosophie pessimiste. Et pourtant ne semble-t-il pas que depuis plusieurs siècles
insensiblement il s'orientait vers elle? Qu'est-ce après tout que
ce bonheur promis à l'homme vertueux par Sénèque et par
l'école du Portique? Un bonheur conçu par l'intelligence, estimé

par elle d'un prix infini; un bonheur en un mot dont l'homme ne
peut faire cas s'il n'est raison pure. Pour être heureux, rendez
votre âme anesthésique : voilà le dernier mot de. la sagesse stoïcienne. « Le fonds du stoïcisme est l'orgueil, » écrivait l'auteur
du *Mémoire sur le stoïcisme*, M. Ravaisson. Oui certes, et quel
indomptable orgueil ! Prêcher le renoncement aux biens, aux
plaisirs, aux joies de ce monde, imposer à l'homme de déraciner
ses passions, de démembrer son âme, puis, l'assurer que cet
amoindrissement de lui-même ne peut que le grandir et l'élever
au rang des dieux ! Quelle candeur dans l'optimisme !

Aujourd'hui qu'on sait mieux définir les mots et que les mots
ne font plus peur, cet optimisme recevrait un autre nom. Aussi
bien je cherche la différence entre « la philosophie du désespoir »,
celle qu'il faut avoir pour suivre la mode, et cet inexorable stoïcisme qui exige tout de l'homme et ne lui promet rien en échange.
— Mais le bonheur des sages? — Un bonheur, en tout cas, dont ils
ne sont pas heureux. Lisez entre les lignes et vous en aurez la
preuve. N'était cet immense orgueil, n'était sans doute aussi cette
tradition d'optimisme, essentielle au génie grec, et à laquelle il
convient selon nous d'assigner un rôle dans l'évolution de la
philosophie stoïcienne, cette philosophie aurait versé dans le pessimisme et elle en aurait eu conscience.

Kant côtoie le pessimisme, mais il s'en affranchit par les *postulats*. Essaiera-t-on d'affranchir sa doctrine des postulats pour
sauver l'impératif catégorique comme a tenté de le faire le jeune
philosophe auteur de l'*Intention morale?* L'essai n'aboutira
point. En effet, si le bien par nous accompli nous a coûté des
efforts et des efforts à tout jamais stériles, pourquoi resterions-
nous amis de la vertu? changer de voie serait de tous points
préférable : cela ne demanderait aucune peine; nous y gagne-
rions peut-être quelques distractions, fugitives sans doute mais
agréables. Notre jeune philosophe est d'un autre avis. Pour se
distraire il estime que le meilleur est encore de s'oublier pour
autrui, qu'aucun divertissement ne vaut ceux dont le devoir s'accompagne. Ne sourions pas de cette déclaration qui fait honneur
à l'âme humaine. Disons seulement qu'elle trouvera des scep-
tiques. Ajoutons, ce qui est plus grave, que cet aveu détruit la
valeur de l'impératif catégorique pour le transformer cette fois

encore en « persuasif », pour le faire déchoir en un mot. Effecti-
vement l'auteur de l'*Intention morale* se croit tenu d'exhorter
les hommes au devoir et de les acheminer à se faire les adora-
teurs de la loi morale. Il nous dit bien que cette loi veut être crue
sans preuves. Encore faut-il toutefois, pour le cas où nous n'y
aurions point cru jusqu'à présent, qu'un motif ou un mobile quel-
conque nous incite à ébaucher l'acte de foi nécessaire. Quel sera
ce motif? L'assurance donnée par l'auteur que le joug du devoir
est un joug bienfaisant (1) ; que « lorsque tout espoir est condamné
» et toute illusion perdue, le devoir reste dans toute sa hauteur,
» avec ses promesses de sérénité (2) ». En d'autres termes, pour
nous inviter au devoir, on fait appel à ce besoin irrésistible d'ac-
calmie morale qui suit les espérances ardemment poursuivies,
irrémédiablement déçues. On nous propose le devoir à titre
d'*essai*, parce qu'il est fécond en promesses de sérénité et de paix.

D'abord cette attitude, je le répète, est très peu morale : elle
dégrade le devoir et le métamorphose presque en son contraire.
Ensuite cette attitude est décevante. Qui nous garantit que ces
promesses de sérénité seront tenues?

— Mais Kant, lui aussi, intéresse notre sensibilité en nous con-
férant des droits au bonheur, au seul possible, c'est-à-dire à
celui dont la réalisation ne peut être espérée ici-bas! — Sans
doute. On conviendra cependant que Kant a soigneusement séparé
dans l'homme ce qui est le propre de l'animalité, ce qui fait à
ses yeux l'essence de l'*humanité* ou la *rationalité*. L'animalité
a ses penchants, mais qui sont incompatibles avec ceux de la nature raisonnable. D'où un antagonisme qui doit durer autant que
notre vie et qui rend impossible la réalisation du souverain bien.

Kant en vient donc à nous proposer le bonheur, un bonheur
situé hors des conditions de la vie présente mais qui n'en sera
pas moins à notre portée pour peu que nous sachions en être
dignes.

L'auteur de l'*Intention morale* voudrait nous affranchir de
toute aspiration au bonheur et il pense que pour être profondément et absolument rigoriste il faut en venir là. Kant lui paraît

(1) P. 44.
(2) P. 45.

s'être contredit en se préoccupant de nous offrir la possibilité du souverain bien. Mais lui, en nous proposant le devoir comme un pis aller, ne nous propose-t-il pas, en somme, une manière d'agir exposée à moins de mécomptes? Qu'est-ce que « ces promesses de sérénité » dont il nous parle? Et pourquoi y fait-il allusion, cet audacieux moraliste qui ne cesse de reprocher à Kant de s'être montré trop peu stoïcien?

A vrai dire la morale de Kant entend rester humaine, et c'est de là qu'elle tire une grande part de son autorité. Peut-être cependant Kant a-t-il compromis le succès de sa doctrine, en posant en face de l'*homme-phénomène,* le seul que chacun de nous connaisse, un homme-noumène affranchi tout à la fois des conditions de la sensibilité et des lois de la représentation.

Nous pensons qu'il a échoué, et que son échec a eu pour cause l'évocation des fantômes métaphysiques vigoureusement et victorieusement poursuivis dans la *Dialectique* de la raison pure. Or qu'il y ait antagonisme dans l'homme, peut-être même ailleurs que dans l'homme; que le « tragique » soit, comme Bahnsen le soutient, l'une des lois de ce monde, certains le pensent et nous sommes de ceux-là. Kant aussi en était. On peut douter cependant que l'opposition entre l'homme-phénomène et l'*homme-noumène* soit autre chose qu'un symbole ingénieux sans valeur explicative. Qu'est-ce que cet homme-noumène? A-t-il une conscience? alors il s'apparaît; s'il s'arrête aux degrés supérieurs de l'existence phénoménale, il n'en descend pas moins jusqu'à elle, il en participe et dès lors il perd son nom. A-t-il une sensibilité? Kant a éludé la question, la jugeant indiscrète et vraisemblablement insoluble. Pourtant s'il l'avait posée en termes précis, s'il l'avait résolue par une négation, le droit au bonheur inséparable de l'obéissance au devoir aurait perdu toute raison d'être. En cas de réponse affirmative, l'homme « intelligible » se serait tellement rapproché de l'homme « sensible » qu'il l'aurait bientôt rejoint. Et alors c'en était fait de l'impératif catégorique.

Quelque biais que l'on prenne, il faut, ce nous semble, réformer cette notion de l'impératif catégorique et renoncer à cette entité toute surérogatoire de l'homme-noumène. D'ailleurs s'il y a antagonisme au sein de l'homme, quelle raison nous force de superposer à la nature humaine je ne sais quelle surnature dont l'essence reste, après tout, insaisissable? S'il est vrai que nous soyons le théâtre d'un drame tour à tour lugubre ou comique, traversé par des joies intenses, mais éphémères, l'homme en l'âme de qui ce drame se développe, c'est l'homme sensible. Il convient donc à notre avis de constater en nous, non pas comme l'a voulu Kant, une opposition, assez invraisemblable d'ailleurs, de phénomène à substance, mais une opposition de fonctions à fonctions. Les unes recevraient le nom commun *d'animalité :* les autres se rangeraient fort bien sous l'étiquette commune de *rationalité.*

Gagnerait-on à cette réforme? Nous le pensons. D'abord on ferait l'économie d'un mystère métaphysique. En outre rien n'obligerait à concevoir l'antagonisme des fonctions humaines selon l'hypothèse de Kant. Dans sa doctrine, *animalité* et *sensibilité* se confondent, et la sensibilité enveloppe tout l'ordre émotionnel. De là des difficultés qu'on ne peut ni méconnaître ni vaincre.

On comprend très bien que l'*impératif* soit catégorique vis-à-vis de l'animalité, c'est-à-dire, après tout, vis-à-vis des penchants égoïstes. Qu'il soit catégorique au sens absolu du mot, c'est-à-dire au point de répudier l'alliance des inclinations impersonnelles, alors c'est le règne du bon plaisir et dès lors il devient douteux qu'on soit tenu d'en subir le joug. Ce n'est pas tout. La doctrine du souverain bien devient contradictoire, car qui aspire au souverain bien? l'homme sensible? Non, par hypothèse. L'homme intelligible? Par définition il ne le peut. Ainsi la morale de Kant va sombrer ou se transformer. Au lieu d'un homme-phénomène et d'un homme-noumène étrangers, l'un à l'autre, admettons, selon l'expérience commune, un homme sensible, intelligent, volontaire, mais chez lequel le cœur est déchiré par un combat entre penchants antagonistes. Bref, circonscrivons le champ de la lutte et sachons en trouver l'emplacement là seul où il peut être, sur le terrain de la sensibilité : n'aurons-nous rien fait pour dissiper, au moins en partie, les obscurités du problème? Parmi nos penchants, il en est que la raison condamne, et qu'elle condamne *catégoriquement;* il en est d'autres, qu'elle approuve. Triomphons des uns pour faire régner les autres. N'est-ce point là toute la morale humaine?

Mais pourquoi ce départ entre les inclinations? Ce choix n'est-il
pas arbitraire? Encore que le mystère métaphysique ait disparu,
le mystère moral persiste dans toute son inquiétante obscurité.

Pour ceux qui voudraient le faire évanouir, M. Herbert Spencer a
une réponse toute prête : la promesse qu'avec les progrès de
l'évolution cet antagonisme entre les fonctions humaines fera
place à un état d'harmonie, inaltérable de béatitudes sans inter-
mittence. Un paradis terrestre attend nos arrière-neveux, où les
bienfaits de la civilisation compenseront au centuple les joies
naïves de l'innocence du premier homme. Ainsi l'âge d'or nous
attend.

Les promesses de M. Spencer ont de quoi séduire. Seront-
elles tenues?

Tout est là. La question mérite qu'on 'la pose. Par malheur
c'est une question indiscrète : pour y répondre il faut, un acte
de foi suivi d'un acte d'espérance. Pour y répondre il faut
parier.

Donc rien ne sert de nier le mystère moral. Aussi bien le jour
de sa disparition marquerait la disparition de la philosophie elle-
même. Puis donc qu'il y a toujours un mystère moral, faisons
contre mauvaise fortune bon cœur et disons-nous que la foi en
une vie future est peut-être le seul moyen à nous offert d'échapper à l'obsession pessimiste.

Moyen usé à force d'avoir servi, dira-t-on. Nous en savons
quelque chose, nous savons aussi qu'à prononcer les mots de
vie future on effarouche la pudeur philosophique d'un grand
nombre. Nous admettons que la croyance à la vie future est le
produit d'une imagination anthropomorphique presque impuis-
sante, quand elle se donne par anticipation les joies d'outre-tombe,
joies médiocres, tout au plus à la portée des humbles et des sim-
ples. Nous pensons avec Charles Vallier que si, « du haut du ciel »,
Werther voyait Albert épouser Charlotte et Charlotte lui devenir
presque parjure, il jugerait son suicide stérile, et que comme la
Calypso classique il regretterait son immortalité. Chacun se fait
son paradis à soi-même et qui, au voisin, semblerait un enfer.
Mais là n'est pas ce qui nous importe.

Ce qui importe, c'est moins de répondre à la question : « Vivrai-je après ma mort? » que de répondre à cette autre plus grave, la seule même qui vaille la peine d'être posée : « Oui ou non, le principe du monde est-il moral? » Que maintenant, après avoir parié pour l'affirmative, car ici il faut parier — nous sommes embarqués, — on traduise cette conviction par des symboles psychologiques ou physiques, c'est inévitable. L'imagination fait ce qu'elle peut. Regrettons qu'elle ne puisse davantage, mais laissons-lui ces espérances sans cesse abandonnées et reprises. Passons sur la forme pour ne nous attacher qu'au fond : consentons à entendre prononcer le nom de Dieu et ne sourions plus devant ceux qui espèrent un jour rejoindre les leurs au paradis. Ce qui a vieilli, ce sont les mots, c'est l'appareil mythologique et anthropomorphique dont les croyances s'accompagnent. Encore une fois l'imagination fait ce qu'elle peut : pardonnons-lui ses enfantillages. Ce serait un enfantillage, et bien autrement grave, que d'abdiquer la foi en une justice suprême, car cette abdication consacrerait bon gré mal gré le triomphe des doctrines pessimistes. Ce serait alors la fin du monde moral.

De dire quelle nécessité s'impose à nous d'affirmer ce monde moral ne nous embarrassons point. Cette nécessité est voulue, consentie : elle est notre œuvre. Nous ne la subissons point, nous la faisons. Croire c'est vouloir, et vouloir c'est faire. A ceux qui nous reprocheraient de rester sourds aux enseignements d'une nature extérieure, aujourd'hui mieux connue et mieux comprise qu'autrefois et de faire bon marché des désillusions que la science traîne à sa suite, notre réponse sera courte. Que la science prouve, qu'elle démontre ou qu'elle montre. Qu'un accord unanime se conclue entre ses représentants les plus accrédités pour ériger la méthode de la science en méthode universelle. Attendons ce jour qu'on nous annonce être proche et qu'on ne peut encore que prédire. Mais comment attendre sans agir? comment agir sans croire?

NOTICE

SÉNÈQUE

ET SUR LES LETTRES

A LUCILIUS

———

Né à Cordoue vers l'an 2 de l'ère chrétienne, Sénèque vint à
Rome avec son père Sénèque le rhéteur, dont il reçut les leçons.
Très jeune encore il était renommé pour son éloquence. Sa renommée déplut à Caligula. Menacé de la mort, Sénèque feignit
d'être malade, puis renonça définitivement au barreau. La philosophie l'occupa tout entier. Caligula mort, Sénèque ouvre des
écoles, propage par ses écrits la doctrine morale du Portique,
puis demande et obtient la questure. Son père, dit-on, lui conseillait d'entrer dans la vie publique, qui seule, en ce temps-là,
menait à la fortune. Elle valut à Sénèque une première disgrâce,
un exil de sept années au fond de la Corse : Messaline l'avait
éloigné de Rome, Agrippine, seconde femme de l'empereur Claude,
l'y rappela. Sénèque devint préteur, et fut en même temps donné
pour maître au jeune Néron. La reconnaissance du philosophe fut
grande envers l'impératrice dont il conserva longtemps les faveurs.

A la mort de Claude, Néron prononça en son honneur un discours écrit par son maître. Mais le maître écrivait en même
temps l'*Apokolokyntose ;* cette fois il s'abandonnait à sa haine,
se livrait contre la mémoire de Claude à des facéties plus gros-
sières encore qu'elles ne sont plaisantes, et se vengeait ainsi de
la nécessité d'écrire un éloge officiel.

On sait les efforts de Sénèque, devenu ministre de Néron, pour retenir son ancien élève sur la pente du crime; on sait où ils ont abouti. On sait encore que Sénèque prit part au meurtre d'Agrippine, dont il aurait eu, dit-on, l'initiative. La mort d'Agrippine devait être le commencement de sa disgrâce. La mort de Burrhus porta le dernier coup à son influence. Sénèque s'exila de la cour et résolut de vivre à la campagne avec sa femme Pauline. C'est là qu'il reçut l'ordre de se faire ouvrir les veines. Il mourut en l'an 66 de l'ère chrétienne; sa mort fut la mort d'un sage.

S'il fallait exposer la doctrine de Sénèque, à n'en marquer que les grandes lignes, un résumé de la philosophie stoïcienne suffirait. Sénèque est profondément stoïcien : sa métaphysique et sa morale spéculative lui sont dictées, pour ainsi dire, par les chefs de l'École. S'il fallait déterminer la part d'originalité propre à Sénèque, on aurait à parcourir ses *Lettres à Lucilius* et à recueillir ses consultations morales. L'œuvre a été entreprise avec un grand succès et un rare talent par l'auteur des *Moralistes sous l'empire romain*, M. Martha. Il excelle à nous montrer dans Sénèque un véritable directeur de conscience, très fermement attaché à la philosophie de ses maîtres, et cependant moins préoccupé de la sauvegarde des principes que du salut des âmes. L'âme qu'il veut guérir, il la suit pas à pas dans ses progrès ou dans ses défaillances, lui présentant chaque fois le remède, mais un remède toujours proportionné au mal. Sénèque est un casuiste, et comment ne le serait-il pas? Si deux actes accomplis par un être moral ne sont jamais, quoi qu'il y paraisse au dehors, exactement semblables ; si les dispositions intérieures qui précèdent et produisent nos actions varient sans cesse, il faut tenir compte de ces variations presque quotidiennes, sans quoi toute direction de conscience resterait inefficace. Cela est vrai quelle que soit la conscience à diriger, celle de nos semblables ou la nôtre. De là une série d'avertissements ou de conseils qui, rapprochés les uns des autres, se combattent ou se contredisent; ils se contrediraient en effet, s'ils étaient donnés le même jour, et s'ils prétendaient s'appliquer tous au même cas. Or il n'en est rien.

Ainsi les contradictions de Sénèque, les démentis qu'il ne craint pas de s'infliger à lui-même; ainsi son éclectisme en matière de direction morale, et qui lui fait prendre son bien jusque dans les écrits d'Épicure, tout cela s'explique par ce qui vient d'être dit. Mais de tout cela, conclure que Sénèque est un stoïcien hétérodoxe serait aller trop loin.

Sénèque est un stoïcien de la dernière époque, mais qui reste fidèle à l'ancienne doctrine au moins dans ce qu'elle offre d'essentiel. On ne peut lui reprocher, à lui l'auteur des *Questions naturelles*, d'avoir tenu en médiocre estime les problèmes de philosophie première. D'ailleurs, quand bien même Sénèque ne nous aurait laissé aucun ouvrage attestant son orthodoxie, le style des *Lettres à Lucilius* nous en fournirait la preuve. J'appelle l'attention des jeunes philosophes sur les métaphores dont ce style est semé. Ils remarqueront sans doute qu'elles ont leur source, ailleurs que dans l'imagination de l'écrivain. L'idée de la tension et du relâchement semble être le thème dont ces métaphores offrent des variations si nombreuses et si riches. Or cette idée n'est-elle pas le fond de la métaphysique des premiers stoïciens? Je pose la question sans la résoudre et je souhaiterais qu'un philosophe latiniste l'examinât d'un peu près. Il y aurait là matière à un travail sur les origines de la langue de Sénèque et qui n'intéresserait pas que les philologues.

Je souhaiterais aussi ne m'attirer aucun reproche pour avoir donné à Sénèque la qualification de casuiste. Tant pis pour ceux qui ont déconsidéré le mot en corrompant la chose. Il n'en reste pas moins qu'en morale les choses se comportent à peu près comme en médecine, où il y a non des maladies mais des cas particuliers dans lesquels chaque espèce de maladie se réalise. C'est au pied du lit des malades que se fait le meilleur cours de médecine ; c'est en présence d'un acte de vice ou de vertu que se fera le meilleur cours de morale, à la condition que le casuiste ne se désintéresse jamais de sa mission. Le défaut de la casuistique, c'est qu'elle est trop souvent un régal pour les gourmets en psychologie et qu'on s'y adonne plus par curiosité de dilettante que par devoir de moraliste. A ce point de vue l'examen de conscience n'est pas sans de sérieux dangers.

Hâtons-nous de dire que le lecteur des *Lettres à Lucilius* aurait tort s'il s'effrayait à l'avance de la casuistique de Sénèque. Et la raison, c'est que Sénèque n'est pas un casuiste raffiné. L'auteur des *Lettres à Lucilius* ne se complaît pas dans l'examen de cas trop particuliers; les cas par lui examinés sont, à bien des égards, des cas généraux, en sorte que la part d'initiative morale de laquelle aucun de nous ne saurait se départir reste encore assez grande. Le directeur de conscience attend vraisemblablement d'être consulté pour répondre, et jamais il ne répond sans invoquer la maxime générale sous laquelle, pour ainsi dire, il abrite sa consultation. La casuistique moderne paraît compromettre la morale parce qu'elle la dissout et la disperse : c'est qu'elle garde le mot, mais à vrai dire elle supprime la chose. Ainsi pratiquée, la casuistique se tourne bientôt contre la morale dont elle élude les maximes soit en négligeant de les rappeler soit en altérant leur sens et en profitant de l'ambiguité des termes. On sait la fameuse maxime : *La fin justifie les moyens.* Prise en soi, elle n'a rien d'immoral; mais on ne l'invoque, d'ordinaire que pour absoudre les cas suspects ou franchement immoraux. Et comment s'y prend-on ? En lui donnant un sens particulier qui reste sous-entendu et qui est celui-ci : « Toute fin bonne ou poursuivie dans une intention soi-disant morale justifie les moyens quelle que soit d'ailleurs leur moralité. » Voilà où mène l'abus de la casuistique; mais de cet abus elle n'est point responsable. D'ailleurs pour y donner lieu, il faut des directeurs de conscience décidés, coûte que coûte, à se montrer indulgents. L'attitude de Sénèque est tout le contraire de l'indulgence [1].

1. Cette édition des seize premières *Lettres à Lucilius* est offerte aux jeunes étudiants par un professeur ami de la philosophie et des lettres, mais auquel fait absolument défaut ce qu'on appelle le « sens philologique ». Il s'est donc borné à reproduire le texte de Haase, non partout, mais presque partout. Il a eu aussi sous les yeux l'édition de Fickert, celle de le collection Lemaire et la traduction française de M. Baillard. Par le temps qui court, où le mérite philologique semble vouloir primer tous les autres, il s'expose à de graves reproches. Il y répond en disant que le jour où les éditions *classiques* deviendront des éditions *savantes*, elles devront être confiées aux soins des philologues. A chacun son métier, mais que personne ne force son talent. On ne ferait rien avec compétence.

ARGUMENT ANALYTIQUE

LETTRE PREMIÈRE. — Le temps est la seule chose dont nous soyons maîtres. En ne le perdant pas, nous nous affranchirons. Mais pour ne le point perdre il faut comprendre que chaque jour qui s'écoule appartient à la mort. Nous mourons chaque jour en détail. Connaissons donc le prix du temps, et pour n'être pas esclaves à l'avenir, sachons nous assurer du présent. p. 35

LETTRE II. — Évitons la mobilité et les déplacements perpétuels. De même évitons, dans nos lectures, le caprice et le changement. Pas plus qu'on ne doit vivre en changeant toujours de demeure, pas plus on ne doit lire en changeant toujours d'auteur. La lecture, d'ailleurs, n'est pas une distraction; elle est la nourriture de l'âme et il en est de l'âme comme du corps. Pris trop vite et en variété trop grande, les aliments fatiguent et ne nourrissent point. p. 38

LETTRE III. — Sénèque reproche à Lucilius de prodiguer le nom d'ami. Ce nom convient seulement à ceux pour lesquels nous n'avons rien de caché. Les amis veulent être choisis avec discernement : avant de nous offrir à eux nous devons les examiner. Quand le choix est fait la confiance et l'intimité veulent être sans bornes. Avoir des amis est un bien, mais nous avons à craindre deux excès contraires : nous livrer à tous, ne nous livrer à personne, pas même à nous. Sachons les éviter, car ils sont aussi blâmables que le seraient une mobilité toujours inquiète et une inaction continuelle. p. 41

LETTRE IV. — Les hommes craignent de mourir et en cela font preuve d'enfantillage. Il en est qui se tuent pour des raisons frivoles, d'autres sous l'influence de la peur. Ce que la peur amène à faire comment le vrai courage serait-il impuissant à l'accomplir? Sachons comprendre ce qu'est la vie et chaque jour accoutumons-nous à la quitter sans regret. Pour se rendre la vie douce il faut s'ôter l'inquiétude de la voir finir. p. 45

est faire comme on dit, bande à part, autre chose est suivre la foule et se mêler partout à elle. Cela veut être évité à tout prix. Lucilius n'assistera donc pas aux jeux du cirque, aux combats de gladiateurs : quand on s'applique à devenir sage il faut craindre l'exemple. — Mais comment faire des prosélytes si l'on vit retiré ? — En tout cas il ne faut pas chercher ces prosélytes dans la foule : là il ne se peut trouver, sauf de très rares exceptions, que des auditeurs inintelligents ou indignes.   p. 62

LETTRE IX. — Le sage a-t-il besoin d'amis ? N. n, car il n'a besoin de rien, s'il faut entendre un besoin égoïste. Le sage est exempt de toutes les passions : s'il les éprouve :' les dompte. Ainsi le sage se suffit à lui-même. Pourquoi donc se .erait-il des amis ? Pour leur rendre service. Cette lettre est remarquable entre toutes par la richesse des développements.   p. 66

LETTRE X. — Fuyons toutes les compagnies, les grandes et les petites : fuyons-nous nous-mêmes si nous ne savons point vivre selon la raison. On surveille l'homme que les passions dominent, car il abuserait de sa solitude. Lucilius est de ceux qui peuvent, sans crainte, être laissés à eux-mêmes. Il sait exprimer des sentences morales dignes d'une âme robuste et capable de mettre ses mœurs en harmonie avec ses maximes.   p. 75

LETTRE XI. — La sagesse corrige la nature, mais pas au point d'effacer ses imperfections. On n'est point toujours maître de sa physionomie, on rougit souvent malgré soi, et cela n'est point l'effet nécessaire d'un naturel timide. La seconde partie de la lettre ne se rattache pas à la première. Sénèque recommande à Lucilius de choisir un homme vertueux, de le supposer spectateur de ses actes, et d'agir comme s'il l'avait toujours pour témoin.   p. 78

LETTRE XII. — Sénèque vieillit : il s'en aperçoit. Loin de s'en plaindre il s'estime heureux d'avoir vu sa vieillesse lui apparaître. La vieillesse est féconde en plaisirs pourvu qu'on sache en user : rien n'est plus agréable que de se sentir délivré du joug des passions. La mort, il est vrai, semble se rapprocher de nous : mais ce n'est là qu'une illusion : la mort ne nous appelle point par rang d'âge : les jeunes aussi bien que les vieux sont exposés à ses menaces.   p. 82

LETTRE XIII. — Lucilius est courageux. Il a prouvé déjà sa force d'âme. La vie pourtant peut lui réserver d'autres épreuves, et il aura peut-être besoin qu'on lui offre de nouveaux moyens de résistance. On a beau avoir mesuré ses forces, on n'est jamais sûr d'être toujours invulnérable. Et puis l'avenir est incertain. Les infortunes qu'il nous ménage surpasseront-elles celles qui nous ont déjà atteints? Sénèque estime qu'il faut se tenir en garde contre les craintes d'un mal à venir. Elles sont souvent exagérées, prématurées, chimériques. Pour l'homme, l'avenir est incertain : tout ce que nous jugeons possible ne se réalisera point nécessairement. La fortune, même la mauvaise, est inconstante : il nous est donc interdit de juger de notre avenir par notre passé. Malheureux jusqu'à ce jour, demain nous pouvons cesser de l'être : heureux jusqu'à ce moment nous pouvons avoir encore et pendant longtemps à nous louer de la fortune.   p. 88

LETTRE XIV. — Il ne faut point être esclave de son corps. On ne peut vivre sans lui, mais on ne doit point vivre pour lui. Sénèque énumère les dangers contre lesquels on a coutume de se garantir, l'indigence, la maladie, les coups de force. Ce dernier genre de périls est le plus redouté, parce que c'est celui dont l'imagination se frappe davantage. On peut l'éviter d'ailleurs en n'offensant personne, ni le peuple, ni ceux qui sont à la tête des affaires. Tenons-nous en dehors des préoccupations politiques et cherchons un refuge dans la philosophie. Imitons ces stoïciens qui surent enseigner l'art de bien vivre sans offenser les puissants du jour.   p. 95

LETTRE XV. — Cette lettre continue la précédente. Sénèque y parle des exercices corporels : il en recommande l'usage, mais en défend l'abus. L'abus commence dès qu'on s'occupe à exercer ses muscles, à vouloir pour ainsi dire égaler en vigueur et en poids les taureaux destinés aux sacrifices Trop de gymnastique nuit à la santé de l'esprit, trop de nourriture émousse la pensée. Le sage ne dédaignera point les exercices physiques, mais il les choisira courts et faciles. L'essentiel est de se souvenir que l'âme doit être toujours le principal objet de nos soins. Restera-t-on sans cesse courbé sur un livre ou sur des tablettes? Non, il faut laisser à l'âme des heures de récréation : on les emploiera à lire, à causer, à discuter.   p. 101

LETTRE XVI. — Le bonheur est impossible sans la sagesse. La sagesse consiste à se tracer un bon plan de vie et à y rester fidèle : le persévérance est donc la première vertu du sage. Aussi bien la philosophie n'est-elle point une étude de parade, mais une science pratique. Elle est l'art de régler sa vie. Pourtant, s'il existe une fatalité, à quoi bon se donner de la peine ? A quoi bon s'efforcer vers la sagesse si le hasard commande? Laissons de côté ces problèmes, vivons en philosophes et ne laissons pas tomber notre force d'âme. Vivons donc comme la raison nous conseille de vivre, suivant la nature et non pas suivant l'opinion.   p. 105

L. ANNÆI SENECÆ

AD LUCILIUM

EPISTOLÆ SEXDECIM

EPISTOLA I

Le temps est la seule chose dont nous soyons maîtres. En ne le perdant pas, nous nous affranchirons. Mais pour ne le point perdre il
faut comprendre que chaque jour qui s'écoule appartient à la mort.
Nous mourons chaque jour en détail. Connaissons donc le prix du
temps, et pour n'être pas esclaves de l'avenir, sachons nous assurer
du présent.

Seneca Lucilio suo salutem.

1. Ita fac[1], mi Lucili, vindica te tibi et[2] tempus, quod
adhuc aut auferebatur, aut subripiebatur, aut excidebat, collige et serva[3]. Persuade tibi hoc sic esse ut scribo : quædam
tempora eripiuntur nobis, quædam subducuntur, quædam
effluunt. Turpissima tamen est jactura, quæ per negligen-

---

1. *Ita fac.* Fais ce que je vais te dire et qui va être résumé dans ces
mots : *vindica te tibi.*
2. *Et tempus*, etc... *Et* ici, a le sens de : *et, pour cela.*
3. *Collige et serva.* Littéralement : *ramasse et* après l'avoir ra-
massé garde-le. Dans un des manuscrits on lit *colliga.* Il est aisé de
voir que cette leçon est inacceptable et que le mot *collige* est appelé
par les précédents : *auferebatur, subripiebatur, excidebat.*

tiam fit. Et si volueris attendere, maxima[1] pars vitæ elabitur
male agentibus, magna nihil agentibus, tota vita[2] aliud agentibus.

2. Quem mihi dabis, qui aliquod pretium tempori ponat,
qui diem æstimet, qui intelligat se quotidie mori[3]? In hoc
enim fallimur, quod mortem prospicimus : magna pars ejus
jam præteriit : quidquid ætatis retro est, mors tenet. Fac
ergo, mi Lucili, quod facere te scribis; omnes horas complectere[4] : sic fiet, ut minus ex crastino pendeas[5], si hodierno manum injeceris. Dum differtur vita, transcurrit.

1. *Maxima pars [vitæ.* C'est bien *maxima* et non *magna* qu'il convient de lire. Certaines éditions portent *magna*. Ici Sénèque exagère
volontairement, et en cela, ne diffère point d'un sermonaire ou d'un
directeur de conscience. Ne rien faire est préférable à mal faire. Mais
les temps d'agir sont les plus fréquents dans la vie, et c'est pour cela
que nous en consacrons la plus grande part au mal.

2. *Tota vita aliud agentibus* est une sorte de conclusion : dès lors
la vie tout entière se passe à faire autre chose que son devoir.

3. *Se quotidie mori.* Ici Sénèque envisage la vie comme un ache-
minement continu vers la mort. Avoir vécu c'est déjà avoir commencé
de mourir. L'erreur des hommes consiste à voir la mort dans leur
avenir et non dans leur passé, dont elle tient une grande place, disons
mieux, qu'elle occupe pour ainsi dire en entier : *quidquid ætatis retro
est, mors tenet.* Dans l'épître XXIV, Sénèque reprend la même idée,
mais avec un développement plus riche. « Je me souviens qu'un jour
» tu développais cette idée : l'homme ne rencontre pas la mort subi-
» tement, mais, pas à pas, il s'avance vers elle. C'est tous les jours
» que nous mourons : car, tous les jours il nous est enlevé une part
» d'existence : nous croissons, mais notre vie décroît. Le premier
» âge fait place à l'enfance; on la perd et l'adolescence est venue.
Jusqu'à hier y compris, tout le temps écoulé n'est plus. » On lit encore dans la *Consolation à Mercia* : « Les destins qui poursuivent
» leur tâche nous ôtent la sensation de notre mort continuelle et, pour
» se glisser plus facilement en nous, la mort se dissimule sous le nom
» de vie. Le premier âge est devenu l'enfance, l'enfance est devenue
» la puberté, la puberté la jeunesse, et celle-ci, la vieillesse l'a bien-
» tôt emportée. Ces accroissements, à les bien prendre, sont autant de
» pertes. » (Ch. XX.)

4. *Omnes horas complectere* est le commentaire de *collige tempus.*

5. *Ut minus ex crastino pendeas, si hodierno manum injeceris.* En
t'emparant d'aujourd'hui tu seras moins l'esclave de demain. Dans le
traité de la *Brièveté de la vie*, ch. IX, nous lisons : « C'est aux dépens

3. Omnia, Lucili, aliena sunt : tempus tantum nostrum est. In hujus rei unius fugacis ac lubricæ[1] possessionem natura nos misit, ex qua expellit quicunque vult[2]. Sed tanta stulti- tia mortalium est[3], ut, quæ minima et vilissima sunt, certe reparabilia, imputari sibi, cum impetravere, patiantur, nemo se judicet quidquam debere, qui tempus accepit, cum interim hoc unum est, quod ne gratus quidem potest red- dere. Interrogabis fortasse, quid ego faciam, qui tibi ista præcipio[4]?

4. Fatebor ingenue : quod apud luxuriosum, sed diligen- tem, evenit, ratio mihi constat impensæ. Non possum dicere nihil perdere : sed quid perdam, et quare, et quemadmo- dum, dicam : causas paupertatis meæ reddam. Sed evenit mihi, quod plerisque non suo vitio ad inopiam redactis : omnes ignoscunt, nemo succurrit. Quid ergo est ? Non puto pauperem, cui, quantulumcumque superest, sat est. Tu

---

» de la vie qu'ils arrangent leur vie : ils règlent leur avenir et pour de
» longues années : ils perdent donc la plus grande partie de la vie à
» différer. Tout ajournement nous arrache le premier jour : l'avenir
» nous est promis, mais le présent nous échappe. Le plus grand écueil
» de la vie, c'est l'attente toujours suspendue au lendemain.

1. *Lubricæ*, glissante.

2. *Ex qua expellit quicunque vult.* On traduira comme s'il y avait *nos expellit*. Cette dernière leçon (*nos expellit*) est de Muret.

3. *Sed tanta stultitia mortalium*, etc. Si grande est la sottise des mortels qu'un don insignifiant et sans valeur, s'ils l'obtiennent, ils se le laissent compter comme une dette. En d'autres termes, ils lui atta- chent assez de prix pour être reconnaissants à qui les leur donne.

4. *Interrogabis fortasse quid ego faciam, qui tibi ista præcipio.* Ici, comme dans le *De Vita Beata*, Sénèque a soin d'avertir qu'il faut se régler sur ses préceptes, non sur ses exemples. Dans ce passage, néan- moins, le philosophe n'a garde de réclamer en sa faveur le bénéfice des circonstances atténuantes. Chaque fois qu'il manque de bien faire, il s'en aperçoit. Ses péchés doivent être mis sur le compte non de la négligence personnelle, mais de l'imperfection commune à toute créa- ture humaine. A cet égard, l'attitude de Sénèque est-elle si différente de celle qu'un Stoïcien doit s'efforcer de prendre ? Où et quand les pre- miers représentants du Stoïcisme ont-ils vu dans la sagesse autre chose qu'un idéal, c'est-à-dire un but qu'on poursuit sans jamais espérer l'atteindre ?

tamen, malo serves tua, et bono tempore incipies[1]. Nam, ut visum est majoribus nostris, sera parsimonia in fundo est[2]. Non enim tantum minimum in imo[3], sed pessimum remanet. Vale.

EPISTOLA II

Évitons la mobilité et les déplacements perpétuels. De même évitons dans nos lectures, le caprice et le changement. Pas plus qu'on ne doit vivre en changeant toujours de demeure, pas plus on ne doit lire en changeant toujours d'auteur. La lecture, d'ailleurs, n'est pas une distraction ; elle est la nourriture de l'âme et il en est de l'âme comme du corps. Pris trop vite, et en variété trop grande, les aliments fatiguent et ne nourrissent point.

Seneca Lucilio suo salutem.

1. Et ex his quæ mihi scribis, et ex his quæ audio, bonam spem de te concipio. Non discurris nec locorum mutationibus inquietaris. Ægri animi ista jactatio est[4]. Primum argu-

1. *Et bono tempore incipies.* Et tu commenceras à garder tes richesses au moment opportun. Sénèque avait commencé plus tard, trop tard, et par là même gaspillé beaucoup de temps. Dans ce passage il y a une comparaison implicite entre la situation de Lucilius et celle de Sénèque. Le *tu tamen* en est la preuve.

2. *Sera parsimonia in fundo est.* C'est faire une économie tardive (et par conséquent inutile) que de ménager le fond du vase.

3. *Non enim tantum minimum in imo,* etc. Ailleurs Sénèque a écrit : « Le meilleur s'envole et le pire lui succède. Quand on verse le » vin d'une amphore, c'est le plus pur qui coule le premier : le plus » épais et le plus trouble reste au fond : ainsi en est-il des âges de » l'homme : le meilleur passe le premier. » (*Ad Lucil.*, Ep. CVIII.)

4. *Ægri animi ista jactatio est.* Au chapitre XII du traité de *La Tranquillité de l'âme*, Sénèque blâme les agitations stériles. « Il faut couper » court à ces agitations, comme sont celles de la plupart des hommes:

mentum compositæ mentis existimo[1] posse consistere et
secum morari[2]. Illud autem vide, ne ista lectio multorum
auctorum, et omnis generis voluminum habeat aliquid
vagum et instabile : certis ingeniis immorari[3] et innutriri
oportet, si velis aliquid trahere quod in animo fideliter
sedeat.

2. Nusquam est qui ubique est. Vitam in peregrinatione
exigentibus hoc evenit, ut multa hospitia habeant, nullas
amicitias. Idem accidat necesse est his[4], qui nullius se
ingenio familiariter applicant, sed omnia cursim et prope-
ranter transmittunt. Non prodest cibus nec corpori accedit,
qui statim sumptus emittitur. Nihil æque sanitatem impedit,
quam remediorum crebra mutatio. Non venit vulnus ad cica-

» chez eux, au théâtre, au Forum on les voit toujours errants. Ils s'of-
» frent pour entreprendre les affaires d'autrui et ils ont toujours l'air
» d'agir. En voici un qui sort de chez lui. Interroge-le : « Où vas-tu?
» à quoi songes-tu? » Il te répondra : « En vérité je n'en sais rien :
» mais je verrai du monde et trouverai à m'occuper. » Ils n'ont aucun
» but, ils vont et ils viennent, cherchant des affaires. Celles qu'ils
» projetaient ils les abandonnent pour celles qu'ils rencontrent. Courses
» inconsidérées et aveugles que celles-là et qui font ressembler les
» hommes à des fourmis; elles se meuvent à travers les arbustes,
» montent puis redescendent et toujours sans raison. La plupart des
» hommes vivent comme elles, dans une remuante oisiveté.

1. *Primum argumentum compositæ mentis.* Le premier signe d'une
âme bien ordonnée, c'est-à-dire, selon les Stoïciens, dont toutes les
parties se tiennent, où règne entre les diverses fonctions l'harmonie la
plus parfaite. C'est ce qu'indique le mot *compositæ*. L'âme du sage
doit être comme l'âme du monde, laquelle, dans la doctrine, ne se distingue pas du monde même. Or on sait que les Stoïciens ont défini le
monde : *un tout sympathique.*

2. *Secum morari.* Demeurer avec soi. Dans la vingtième épître nous
lisons : « Si tu te portes bien, si tu te juges digne de devenir un jour
» *tien* (tuus), je m'en réjouis. Pour devenir sien, c'est-à-dire maître de
» soi, il faut vivre en soi-même, en un mot ne pas se divertir. »

3. *Certis ingeniis immorari oportet.* Il faut insister sur des écrivains
d'un caractère et d'un genre déterminé. Quelques lignes plus bas nous
lirons : « *Probatos* itaque semper lege. » Ainsi Sénèque ne recommande
pas seulement à Lucilius de s'en tenir aux écrivains choisis, mais encore
de faire choix des meilleurs et des plus estimés.

4. *Idem accidat necesse est.* La même chose arrive fatalement.

tricem, in quo crebro medicamenta tentantur. Non conva-
lescit planta quæ sæpe transfertur : nihil tam utile est quod
in transitu prosit.

3. Distringit librorum multitudo. Itaque cum legere non
possis quantum habueris, satis est habere quantum legas.
« Sed modo, inquis, hunc librum evolvere volo, modo
illum. » Fastidientis stomachi est multa degustare, quæ ubi
varia et diversa sunt [1], inquinant, non alunt. Probatos itaque
semper lege : et si quando ad alios diverti libuerit, ad priores
redi. Aliquid quotidie adversus paupertatem, aliquid adversus mortem auxilii compara, nec minus adversus cœteras
pestes.

4. Et cum multa percurreris, unum excerpe [2], quod illo
die concoquas. Hoc ipse quoque facio : ex pluribus, quæ
legi, aliquid apprehendo. Hodiernum hoc est quod apud
Epicurum nactus sum [3]; soleo enim et in aliena castra transire, non tanquam transfuga, sed tanquam explorator.
« Honesta, inquit, res est, læta paupertas [4]. » Illa vero non
est paupertas, si læta est.

1. *Quæ ubi varia et diversa sunt. Varia* et *diversa* n'ont point le
même sens. Traduisez : ces aliments, par leur variété et par l'action
différente qu'ils exercent sur l'organisme. *Diversa* explique *inquinant.*
Diversa est employé dans le même sens au ch. VII du *De Vita Beata :*
« *Quid dissimilia, imo diversa componitis ?* »

2. *Unum excerpe.* Choisis une pensée parmi celles que tu as par-
courues pour la bien digérer ce jour-là. Sénèque assignait à la lecture la même fin que Montaigne : enbesogner notre jugement non
notre mémoire.

3. *Quod apud Epicurum nactus sum.*, Le Stoïcisme est l'adversaire de
l'Épicurisme, non d'Épicure, dont à plusieurs reprises Sénèque louera les
conseils et auquel il empruntera un assez grand nombre de sentences
fortes et sages.

4. *Honesta, inquit, res est, læta paupertas.* Dans l'épitre XVIII se
trouve le commentaire de cette pensée d'Épicure : « Le grand maître en
» volupté, Épicure, avait ses jours marqués où il apaisait insuffisam-
» ment sa faim. Il voulait voir si cela diminuerait la volupté pleine et
» complète qu'il recherchait, de quelle quantité elle serait diminuée
» et si cette quantité méritait que pour l'acquérir on se donnât
» grand'peine. C'est ce qu'il dit dans ses lettres écrites à Polyénus

5. Cui enim cum paupertate bene convenit, dives est. Non qui parum habet, sed qui plus cupit, pauper est. Quid enim refert, quantum illi in arca[1], quantum in horreis jaceat, quantum pascat, quantum fœneret, si alieno imminet, si non acquisita, sed acquirenda computat? Quis sit divitiarum modus, quæris : primus, habere quod necesse est; proximus, quod sat est. Vale.

EPISTOLA IIı

Sénèque reproche à Lucilius de prodiguer le nom d'ami. Ce nom convient seulement à ceux pour lesquels nous n'avons rien de caché. Les amis veulent être choisis avec discernement : avant de nous offrir à eux nous devons les examiner. Quand le choix est fait, la confiance et l'intimité veulent être sans bornes. Avoir des amis est un bien, mais nous avons à craindre deux excès contraires : nous livrer à tous, ne nous livrer à personne, pas même à nous. Sachons les éviter car ils sont aussi blâmables que le serait une mobilité toujours inquiète ou une inaction continuelle.

Seneca Lucilio suo salutem.

1. Epistolas ad me perferendas tradidisti, ut scribis, amico tuo. Deinde admones me, ne omnia cum eo ad te pertinentia communicem, quia non soleas id ipse quidem ne

» pendant la magistrature de Charinus. Il se vante de se rassasier » pour moins d'un as, tandis qu'à Métrodore, moins avancé que lui en » sagesse, il faut un as entier : « Crois-tu qu'un tel régime puisse satis- » faire l'appétit ? — Certes on y trouve même de la volupté, non cette » volupté légère et fuyante qu'il faut incessamment renouveler, mais » la volupté stable et assurée. »

1. *Quantum illi in arca*, etc... Qu'importe combien cet homme, a dans ses coffres, dans ses greniers, ce qu'il fait paître de troupeaux ce qu'il touche d'intérêts pour l'argent qu'il prête?

facere. Ita eadem epistola illum et dixisti amicum et negasti.
Itaque sic priore illo 'verbo quasi publico usus es[1], et sic
illum amicum vocasti, quomodo omnes candidatos bonos
viros dicimus, quomodo obvios, si nomen non succurrit,
dominos salutamus.

2. Hac abierit[2]. Sed si aliquem amicum existimas, cui
non tantumdem credis quantum tibi, vehementer erras, et
non satis nosti vim veræ amicitiæ. Tu vero omnia cum amico
delibera, sed de ipso prius[3]. Post amicitiam credendum est,
ante amicitiam judicandum. Isti vero præpostero[4] officia
permiscent, qui contra præcepta Theophrasti[5], cum ama-

1. *Quasi publico usus es.* Tu as pris ce mot dans le sens banal. L'usage
était, au sénat, de donner à ceux dont on proposait la candidature
l'épithète de *bonus* et d'*optimus vir*. Le titre de *dominus* se donnait
aussi aux inconnus, les femmes même le recevaient dès l'âge de qua-
torze ans. Le *Manuel* d'Epictète en fait foi : Αἱ γυναῖκες εὐθὺς ἀπὸ
τεσσαρακαίδεκα ἐτῶν, ὑπὸ τῶν ἀνδρῶν κυρίαι καλοῦνται.

2. *Hac abierit.* De cette façon la chose passera. C'est-à-dire : si
tu as voulu employer le terme ami dans le sens vulgaire, je n'ai rien
à te reprocher. La traduction de Lagrange : « Laissons le mot et parlons
de la chose, » est conforme à la pensée de Sénèque mais non au texte.
Dans certaines éditions on lit « hic abierit », *hic* se rapportant à *amicus
tuus.* Alors il faudrait traduire : « Laissons de côté l'ami en question
(et parlons de l'amitié en général). »

3. *Omnia cum amico delibera sed de ipso prius.* Examine tout avec
ton ami (quand tu l'as choisi) ; mais examine-le tout d'abord (avant de
lui donner ton amitié).

4. *Præpostero* se traduira comme s'il y avait *præpostere.* Ailleurs
Sénèque écrira *directo* et *iniquo* là où l'on s'attendrait à lire *directe*
et *inique. Præpostero* signifie : à rebours.

5. *Qui contra præcepta Theophrasti,* etc. On lit dans Plutarque
(*Traité de l'Amour fraternel*) : « Τοὺς μὲν γὰρ ἀλλοτρίους, ὡς ἔλεγε
Θεόφραστος, οὐ φιλοῦντα δεῖ κρίνειν, ἀλλὰ κρινοῦντα φιλεῖν. » — Théophraste, disciple d'Aristote, fut aussi son successeur. Il enseigna au Lycée
et ses leçons eurent un succès immense. Deux fois il eut à se justifier
devant les tribunaux de l'accusation d'impiété. Mais ces accusations
tombèrent. La tradition rapporte que l'érudition de Théophraste était
universelle, encyclopédique, comme celle d'Aristote, qu'il enseignait
avec élégance et parlait un langage « divin ». Il était, d'ailleurs, comme
on sait, observateur pénétrant de la nature humaine. Ses *Caractères* l'ont rendu célèbre; ils tiennent dans la littérature grecque un
rang des plus honorables. Théophraste n'était pas seulement observa-

verunt, judicant, et non amant cum judicaverunt. Diu cogita, an tibi in amicitiam aliquis recipiendus sit : cum placuerit fieri, toto illum pectore admitte[1] : tam audaciter cum illo loquere, quam tecum.

3. Tu quidem ita vive, ut nihil tibi committas, nisi quod committere etiam inimico tuo possis : sed quia interveniunt quædam, quæ consuetudo fecit arcana [2], cum amico omnes curas, omnes cogitationes tuas misce. Fidelem [3], si putaveris, facies. Nam quidam fallere docuerunt, dum timent falli : et illi jus peccandi suspicando fecerunt[4]. Quid est ergo, quare

---

teur : il était philosophe et métaphysicien. On croit que sa métaphysique différait beaucoup de celle d'Aristote ; il est malaisé d'en fournir la preuve. Cicéron lui a reproché sa morale où était faite une place trop grande aux plaisirs du corps et aux biens de fortune. Théophraste est né vers 372 : la date de sa mort est incertaine. On sait seulement qu'il atteignit un âge très avancé. — Sidoine Apollinaire (V, Ep. II) a dit à propos de l'amitié : « J'ai l'habitude de choisir d'abord, d'aimer ensuite : *Est enim consuetudinis meæ ut eligam ante, post diligam.* »

1. *Toto illum pectore admitte.* Littéralement : reçois-le dans toute toute ton âme. Dans le *De Amicitia* (ch. XXI) Cicéron tient le même langage. Il parle d'abord des animaux qui se cherchent et se poursuivent pour s'unir, puis il ajoute : « Combien ce caractère est plus pro-
» fondément imprimé dans la nature de l'homme qui se chérit lui-
» même, et cherche ensuite un cœur avec lequel le sien se puisse unir
» si étroitement que les deux n'en fassent plus qu'un ! *Quanto id magis*
» *in homine fit natura, qui et se ipse diligit et alterum anquirit,*
» *cujus animum ita cum suo misceat, ut efficiat pœne unum ex duo-*
» *bus.* » Montaigne a écrit sur l'amitié des pages exquises dont voici la plus célèbre : « Au demeurant, ce que nous appelons ordinairement
» amis et amitiez, ce ne sont qu'accointances et familiaritez nouées par
» quelque occasion ou commodité, par le moyen de laquelle nos âmes
» s'entretiennent. En l'amitié de quoy je parle, elles se meslent et con-
» fondent l'une et l'autre d'un meslange si universel, qu'elles effacent
» et ne retrouvent plus la cousture qui les a jointes. Si on me presse
» de dire pourquoi je l'aymoy, je sens que cela ne se peult exprimer
» qu'en respondant : « parce que c'estait luy : parce que c'estait
» moy. »

2. *Quæ consuetudo fecit arcana,* que l'usage est de se tenir cachées (entre personnes étrangères).

3. *Fidelem,* fidèle dans la discrétion.

4. *Et illi jus peccandi suspicando fecerunt.* Et lui ont donné, en l'accusant d'une infidélité le droit de la commettre. « Il suffit souvent

ulla verba coram amico meo retraham? quid est, quare me coram illo non putem solum?

4. Quidam quæ tantum amicis committenda sunt obviis narrant, et in quaslibet aures, quidquid illos urit, exonerant : quidam rursus etiam carissimorum conscientiam reformidant, et, si possent, ne sibi quidem credituri, interius premunt omne secretum [1]. Neutrum faciendum est : utrumque enim vitium est et omnibus credere et nulli : sed alterum honestius dixerim vitium, alterum tutius.

5. Sic utrosque reprehendas, et eos qui semper inquieti sunt, et eos qui semper quiescunt. Nam illa tumultu gaudens non est industria [2], sed exagitatæ mentis concursatio : et hæc non est quies, quæ motum omnem molestiam judicat, sed dissolutio [3] et languor. Itaque hoc quod apud Pomponium [4] legi animo mandabitur : « Quidam adeo in latebras refugere, ut putent in turbido esse, quidquid est in luce. »

» d'être soupçonné comme un ennemi pour le devenir : la dépense en » est toute faite, on n'a plus rien à ménager. » (*Madame de Sévigné,* lettre 89.)

1. *Interius premunt.* Ils refoulent dans l'intérieur de leur âme.

2. *Nam illa tumultu gaudens non est industria.* Cet activité qui se plaît dans le tumulte n'est pas l'activité véritable, mais bien l'inquiétude fiévreuse d'une âme agitée.

3. *Dissolutio* s'oppose à *compositio.* C'est l'état d'une âme dans laquelle toute harmonie entre les fonctions a cessé.

4. *Quod apud Pomponium.* Qu'était-ce que ce Pomponius? un poète? Il y en eut un de ce nom. Dans l'édition Fickert, tome I, au bas de la page 10, nous lisons : « *Non est industria,* etc. Hæc verba Pomponii » Secundi poetæ tragici versus esse statuit Heumannus quos ita scribit :

» Hæc tumultu gaudens non est industria
» Sed exagitatæ mentis concursatio. »

Juste Lipse est d'un autre avis. D'abord il n'attribue à Pomponius que cette penséo : « *Quidam adeo in tenebras,* etc. » et il juge qu'un poète ne se serait pas exprimé ainsi. Il croit donc que ce Pomponius est un philosophe contemporain d'Auguste et de Tibère, celui dont Tacite a dit (*Annal.,* V) qu'il était : *Vir morum elegantia et ingenio illustris.*

Inter se ista miscenda sunt[1] : et quiescenti agendum, et agenti quiescendum est. Cum rerum natura delibera : illa dicet tibi se èt diem fecisse et noctem. Vale.

EPISTOLA IV

Les hommes craignent de mourir et en cela font preuve d'enfantillage. Il en est qui se tuent pour des raisons frivoles, d'autres se tuent sous l'influence de la peur. Ce que la peur amène à faire comment le vrai courage serait-il impuissant à l'accomplir? Sachons comprendre ce qu'est la vie et chaque jour accoutumons-nous à la quitter sans regret. Pour se rendre la vie douce il faut s'ôter l'inquiétude de la voir finir.

Seneca Lucilio suo salutem.

1. Persevera ut cœpisti, et quantum potes, propera, quo diutius frui emendato animo[2] et composito possis. Frueris quidem etiam dum emendas, etiam dum componis : alia tamen illa voluptas est, quæ percipitur ex contemplatione mentis ab omni labe puræ et splendidæ. Tenes utique[3] memoria, quantum senseris gaudium, cum, prætexta posita, sumpsisti virilem togam et in forum deductus es[4] : majus exspecta, cum puerilem animum deposueris, et te in viros philosophia transcripserit.

1. *Inter se ista miscenda sunt.* Il faut faire alternativement les deux choses.
2. *Emendato animo.* D'une âme corrigée de ses défauts.
3. *Utique.* Dans certaines éditions, on lit *itaque.* Au point de vue du sens, la leçon de Haase doit être préférée. *Utique* signifie *certainement :* « Tu n'as certainement jamais oublié. »
4. *In forum deductus es.* Après l'avoir revêtu de la robe virile on conduisait le nouveau citoyen au Forum pour montrer que désormais il pouvait prendre sa part des affaires de la République.

3.

2. Adhuc enim non pueritia, sed quod est gravius, pueri-
litas remanet : et hoc quidem pejor est, quod auctoritatem
habemus senum, vitia puerorum : nec puerorum tantum, sed
infantum. Illi levia [1], hi falsa formidant : nos utraque. Profice modo [2], et intelliges quædam ideo minus timenda, quia
multum metus afferunt. Nullum magnum, quod extremum
est [3]. Mors ad te venit : timenda erat [4] si tecum esse posset :
necesse est aut ne perveniat, aut transeat [5]. « Difficile est,
inquis, animum perducere ad contemptionem animæ [6]. »
Non vides quam ex frivolis causis contemnatur?

3. Alius ante amicæ fores laqueo pependit; alius se præ-
cipitavit e tecto, ne dominum stomachantem diutius audiret;
alius, ne reduceretur e fuga, ferrum adegit in viscera. Non
putas virtutem hoc effecturam, quod efficit nimia formido?
Nulli potest secura vita contingere, qui de producenda nimis
cogitat [7], qui inter magna bona multos consules numerat [8].

1. *Illi levia...* « Ce sont choses vaines qui nous émeuvent et nous
» frappent d'étonnement. Personne de nous n'a cherché à secouer le
» fantôme pour voir ce qu'il y avait de réel sous cette image fantastique,
» mais il a passé sa crainte au voisin..... Tel est le désordre de nos âmes
» que Lucrèce a pu dire :
» *Nam veluti pueri trepidant, atque omnia cæcis.*
» *In tenebris metuunt, ita nos in luce timemus* (Ad Lucil., ep. CX). »
2. *Profice modo.* La traduction de Pintrelle (collection Nisard) est
celle-ci : « Applique cela maintenant ». Ce n'est pas le sens. *Proficere*
signifie *avancer.* « Avance seulement » c'est-à-dire : « fais seulement
quelques pas dans la voie de la réflexion et tu comprendras, etc. » Certaines éditions donnent : *prospice.*
3. *Nullum magnum quod extremum est.* Aucun mal n'est grand qui
vient en terminer d'autres.
4. *Timenda erat.* Elle serait à craindre, si, etc.
5. *Aut transeat.* Mais c'est une loi de la nature, ou qu'elle ne vient
pas, ou qu'elle passe rapide.
6. *Animum perducere ad contemptionem animæ.* Le jeu de mots n'est
ici qu'apparent. *Animus* désigne l'esprit; *anima* désigne le souffle
vital.
7. *Qui de producenda nimis cogitat.* Qui pense trop à la prolonger.
8. *Multos consules numerat. Multos consules,* c'est-à-dire *multos
annos.* On désignait, chez les Romains, les années par le nom des con-

4. Hoc quotidie meditare, ut possis æquo animo[1] vitam relinquere, quam multi sic complectuntur et tenent, quomodo qui aqua torrente[2] rapiuntur, spinas et aspera. Plerique inter mortis metum et vitæ tormenta miseri fluctuant[3] : et vivere nolunt, et mori nesciunt. Fac itaque tibi jucundam vitam, omnem pro illa sollicitudinem deponendo[4]. Nullum bonum adjuvat habentem[5], nisi ad cujus amissionem præparatus est animus. Nullius autem rei facilior amissio est, quam quæ desiderari amissa non potest[6].

5. Ergo adversus hæc quæ incidere possunt etiam potentissimis, adhortare te et indura. De Pompeii capite pupillus

suls, dont les pouvoirs étaient annuels. Cette façon d'interpréter le texte a trouvé des contradicteurs; elle est pourtant la plus simple et selon nous la seule admissible.

1. *Æquo animo.* Les termes *æquus, æqualis* se rencontrent fréquemment dans Sénèque. Mais ils n'appartiennent à sa langue que parce qu'ils tiennent une grande place dans le vocabulaire stoïcien.

2. *Aqua torrente. Torrens* est le participe présent du verbe *torrere* qui signifiait tout d'abord *dessécher*, puis dont le sens s'est modifié dans la suite. Le substantif *torrens* (torrent) n'est autre que le participe en question. *Aqua torrente*, mot à mot : une eau brûlante, c'est-à-dire qui partage avec le feu la propriété de détruire tout ce qui est sur son passage.

3. *Plerique fluctuant.* La métaphore se continue.

4. *Omnem pro illa sollicitudinem deponendo.* Dans le *De Vita Beata* Sénèque s'attache à prouver que le bonheur arrive quand on ne le cherche pas : « Chez les sages nous dit-il au chapitre XII, les plaisirs sont calmes, modérés, presque languissants, toujours contenus, presque insensibles au dehors; *ils viennent sans être demandés.* »

5. *Nullum bonum adjuvat habentem.* Le bien n'est un avantage pour qui le possède, que s'il est prêt à y renoncer.

6. *Quam quæ desiderari amissa non potest.* « Placez-moi sur de riches tapis, entouré de tout l'appareil d'une vie voluptueuse, je ne m'en crois pas plus heureux, quoique j'aie un manteau d'étoffe moëlleuse et que je puisse voir mes convives couchés sur de la pourpre. Vienne un changement qui fasse évanouir toute cette magnificence, en suis-je plus malheureux? Non. Ma tête fatiguée repose cependant sur du foin; je dors sur un coussin comme ceux qu'on voit au cirque..... Malgré toutes ces misères je ne me dirai point misérable et ne maudirai aucun de mes jours. *J'ai pris mes précautions en conséquence.* » (*De Vita Beata,* ch. XXV.)

et spado tulere sententiam [1] ; de Crasso crudelis et insolens Parthus. Caius Cæsar [2] jussit Lepidum Dextro tribuno præbere cervicem : ipse Chæreæ præstitit. Neminem eo fortuna provexit, ut non tantum illi minaretur, quantum permiserat; Noli huic tranquillitati confidere : momento mare evertitur : eodem die, ubi luserunt navigia, sorbentur.

6. Cogita posse et latronem et hostem admovere jugulo tuo gladium [3] : ut potestas major absit [4], nemo non servus habet in te vitæ necisque arbitrium. Ita dico, quisquis vitam suam contempsit, tuæ dominus est. Recognosce exemplum eorum qui domesticis insidiis perierunt, aut aperta vi, aut dolo, et intelliges non pauciores servorum ira cecidisse, quam regum. Quid ad te itaque [5], quam potens sit quem times, cum id, propter quod times, nemo non possit?

---

1. *De Pompeii capite pupillus et spado tulere sententiam.* L'arrêt de mort de Pompée fut prononcé par un roi pupille et par un eunuque. Il s'agit de l'eunuque Pothinus qui gouvernait le roi d'Égypte encore enfant.

2. *Caïus Caesar,* Caligula.

3. *Cogita posse et latronem et hostem admovere jugulo tuo gladium.* Le conseil n'était pas inutile; on sait comment Sénèque est mort : « Quel spectacle que le règne de Néron après le meurtre d'Agrip-
» pine! La société se laisse décimer avec l'obéissance passive d'une
» armée; la nation n'est plus qu'un troupeau marqué du stigmate uni-
» forme de l'esclavage, et parmi lequel le maître tire au hasard ses
» hécatombes quotidiennes. Les vies illustres s'éteignent sur tous les
» points du monde comme les mille flambeaux d'une fête qui finit. Pour
« l'élite, l'existence assurée est une exception... Est-ce juste impatience
» de sortir de la vie, ou servilité machinale, ou habitude de la mort?
» Quoiqu'il en soit, les plus illustres et les plus forts obéissent passive-
» ment à la consigne funèbre donnée par César... Le stoïcisme même,
» dont la secte rigide offrait, au milieu de la dissolution romaine, le
» seul noyau de résistance autour duquel pût se former une conspira-
» tion, enhardit par sa résignation ce règne effréné. Il l'accepte comme
» une grande école de douleur et de sacrifices » (Paul de Saint-Victor.
Hommes et Dieux, Paris, Calmann Lévy, 1880.)

4. *Ut potestas major absit.* A défaut de personnages puissants, le dernier des esclaves, etc...

5. *Quid ad te itaque...* Que t'importe le degré de puissance de celui que tu crains?

7. At si forte in manus hostium incideris, victor te duci jubebit, eo nempe quo duceris¹. Quid te ipse decipis, et hoc nunc primum, quod olim patiebaris, intelligis? Ita dico : ex quo natus es, duceris. Hæc et hujusmodi versanda in animo sunt, si volumus illam ultimam horam placidi exspectare, cujus metus omnes alias inquietas facit. — Sed ut epistolæ finem imponam, accipe quod mihi hodierno die placuit² ; et hoc quoque ex alienis hortulis sumptum est :

8. « Magnæ divitiæ sunt lege naturæ composita paupertas³. » Lex autem illa naturæ scis quos nobis terminos statuat? Non esurire, non sitire, non algere. Ut famem sitimque depellas, non est necesse superbis assidere liminibus, nec supercilium grave⁴ et contumeliosam etiam humanitatem⁵ perpeti : non est necesse maria tentare, nec sequi castra. Parabile est⁶ quod natura desiderat, et appositum : ad supervacua sudatur. Illa sunt quæ⁷ togam conterunt, quæ nos senescere sub tentorio cogunt, quæ in aliena littora impingunt. Ad manum est, quod sat est. Vale.

1. *Eo nempe quo duceris.* Là même où tu es conduit par la loi naturelle, c'est-à-dire à la mort. Et tu y es conduit depuis le jour de la naissance.

2. *Quod mihi hodierno die placuit.* Dans la lettre II, Sénèque a déjà écrit à Lucilius : *Hoc ipse quoque facio; ex pluribus, quæ legi, ali-* » *quid apprehendo. Hodiernum est, quod apud Epicurum nactus* » *sum...* »

3. *Magnæ divitiæ,* etc. Qu'est-ce qu'une grande richesse? Une pauvreté réglée sur la loi de la nature.

4. *Supercilium grave.* Dans le même sens Juvénal a écrit : *Grande supercilium.* Il semble ici nécessaire de paraphraser: « Le froncement de sourcils, expression d'une colère dédaigneuse ».

5. *Contumeliosam humanitatem.* Une politesse blessante pour celui qui en est l'objet.

6. *Parabile est...,* etc. Le nécessaire est à notre portée; c'est seulement pour le superflu qu'on se donne de la peine.

7. *Quæ togam conterunt.* C'est pour un but frivole qu'on use sa toge (dans l'exercice des fonctions publiques).

EPISTOLA V

1º De l'attitude qui convient au vrai philosophe. Sa tenue doit être décente. Il se distinguera de la foule par des façons d'être meilleures, non opposées. Autrement il ne pourrait avoir des disciples. Vivons comme la nature l'exige et par conséquent n'imitons pas les Cyniques.

2º De l'espérance et de la crainte. L'une et l'autre veulent être évitées. En se délivrant de la première on s'affranchit de la seconde.

Seneca Lucilio suo salutem.

1. Quod pertinaciter studes, et, omnibus omissis, hoc unum agis, ut te meliorem quotidie facias, et probo et gaudeo : nec tantum hortor, ut perseveres[1], sed etiam rogo. Illud autem te admoneo, ne eorum more, qui non proficere sed conspici cupiunt[2], facias aliqua, quæ in habitu

1. *Ut perseveres.* La persévérance est une vertu essentiellement stoïcienne. L'homme qui l'oublie est perdu. Voici un extrait des *Entretiens d'Épictète* (p. 171 de l'édition de M. Guyau, Paris, Delagrave, 1875). « Il » est besoin de bien peu de chose pour tout détruire et pour tout perdre » en toi. *La moindre distraction y suffit.* Le pilote, pour perdre son » vaisseau n'a pas besoin d'autant de préparatifs que pour le sauver; » pour peu qu'il se tourne contre le vent, tout est fini; tout est fini alors » même qu'il ne l'a pas voulu et qu'il n'a fait que penser à autre chose. » Il en est de même ici : *Pour peu que tu t'oublies c'en est fait de tout* » *ce que tu as acquis jusque-là* ». Dans la lettre XX à Luciliius, Sénèque écrira : « Une fois pour toutes prends une règle et qu'elle soit la règle » de toute ton existence dans ses moindres détails. » En effet, nous est-il dit quelques lignes plus haut, « la philosophie enseigne à faire, non à » parler et voici ce qu'elle exige : c'est que chacun de nous vive selon » sa loi, que sa vie et ses paroles soient d'accord et que pour ainsi dire, » tous nos actes n'aient qu'une seule teinte ».

2. *Sed conspici cupiunt,* Épictète (Dissertations IV, 8) raille les philosophes qui mesurent la sagesse d'un homme à son costume et à la lon-

tuo[1] aut genere vitæ notabilia sint. Asperum cultum, et intonsum caput, et negligentiorem barbam, et inductum argento odium, et cubile humi positum, et quidquid aliud ambitionem perversa via[2] sequitur, evita.

2. Satis ipsum nomen philosophiæ, etiam si modeste tractetur, invidiosum est : quid, si nos hominum consuetudini cœperimus excerpere[3]? Intus omnia dissimilia sint : frons populo nostro conveniat. Non splendeat toga, ne sordeat quidem : non habeamus argentum, in quod solidi auri cœlatura descenderit[4], sed non putemus frugalitatis indicium auro argentoque caruisse. Id agamus, ut meliorem vitam sequamur quam vulgus, non ut contrariam : alioquin quos emendari volumus, fugamus a nobis et avertimus.

3. Illud quoque efficimus, ut nihil imitari velint nostri, dum timent ne imitanda sint omnia[5]. Hæc primum philosophia promittit, sensum communem, humanitatem et congregationem : a qua professione[6] dissimilitudo nos separabit.

---

gueur de sa barbe. « Les voilà revêtus du pallium : leur barbe est longue » il ne leur en faut point davantage pour s'appeler philosophes. Achetez » alors une cithare et un plectrum et vous serez musicien... » Puis Épictète propose l'exemple de Socrate qui vivait à Athènes, inconnu de la plupart des hommes. « C'est le propre d'un sot, d'un vaniteux, d'être » toujours prêt à dire : « L'inquiétude, les troubles de l'âme ne sau- » raient m'atteindre. Sachez, ô hommes qui vous mettez en tourment, » et vous disputez pour des vétilles que, seul, je suis affranchi de ces » misères. »

1. *In habitu tuo. Habitus* désigne la manière d'être générale, l'ensemble des « habitudes ». — « L'habitude, dans le sens le plus étendu, » est la manière d'être générale et permanente. » (Ravaisson, Thèse sur l'*Habitude.*)

2. *Perversa via.* Par des moyens irréguliers.

3. *Si nos hominum consuetudini cœperimus excerpere.* Si nous commençons par nous soustraire aux usages des hommes.

4. *In quod solidi auri cœlatura descenderit.* Sur lequel serpente une ciselure d'or massif.

5. *Dum timent ne imitanda sint omnia.* Dans la crainte d'avoir à nous imiter en tout.

6. *A qua professione dissimilitudo nos separabit.* Nous nous sommes engagés, par cela seul que nous sommes philosophes à suivre les

Videamus ne ista, per quæ admirationem parare volumus, ridicula et odiosa sint. Nempe propositum nostrum est secundum naturam vivere[1].

4. Hoc contra naturam est, torquere corpus suum et faciles odisse munditias, et squalorem appetere, et cibis non tantum vilibus uti, sed tetris et horridis. Quemadmodum desiderare delicatas res luxuriæ est, ita usitatas et non magno parabiles fugere, dementiæ. Frugalitatem exigit philosophia, non pœnam : potest autem esse non incompta frugalitas[2]. Hic mihi modus placet : temperetur vita inter bonos mores et publicos[3]; suspiciant omnes vitam nostram[4], sed et agnoscant.

5. Quid ergo? Eadem faciemus, quæ cœteri? Nihil inter nos et illos intererit? Plurimum. Dissimiles esse nos vulgo sciat, qui inspexerit propius : qui domum intraverit, nos potius miretur quam supellectilem nostram. Magnus ille

---

habitudes de la majorité, à nous montrer polis, sociables. Nous ne pouvons tenir ces engagements si nous nous attachons à ne ressembler à personne.

1. *Secundum naturam.* Il est aisé de voir, que dans ce passage Sénèque s'en prend aux Cyniques dont c'était aussi la devise de vivre et d'agir selon la nature.

2. *Incompta.* Littéralement : qui a les cheveux en désordre.

3. *Inter bonos mores et publicos.* — *Boni mores* ce sont les mœurs du sage qui doivent toujours rester conformes à l'idéal stoïcien. *Publici mores* désigne les usages extérieurs, le dehors de la vie pourrait-on dire. A l'époque où vivait Sénèque il était permis de croire à l'efficacité pratique de la philosophie; elle enseignait tout au moins l'art de bien mourir. Pourquoi donc les philosophes ne s'efforceraient-ils pas de faire descendre la philosophie dans toutes les âmes? Mais, pour réussir, on doit plaire tout d'abord. Dans ce temps, la philosophie d'Épicure trouvait presque partout un accueil empressé. C'était une philosophie aimable et qui se présentait bien. Sénèque voudrait rendre le stoïcisme aimable et par la même plus accessible. — Outre ce qui vient d'être dit, si les philosophes consentaient à vivre comme tout le monde, extérieurement du moins, ils éviteraient de se rendre suspects; on s'occuperait moins d'eux et leur vie serait plus en sécurité.

4. *Suspiciant omnes,* etc. Que chacun admire notre genre de vie et retrouve ses habitudes dans les nôtres.

est, qui fictilibus sic utitur quemadmodum argento : nec ille minor est, qui sic argento utitur quemadmodum fictilibus. Infirmi animi est pati non posse divitias[1].

5. Sed ut hujus quoque diei lucellum[2] tecum communicem, apud Hecatonem[3] nostrum inveni, cupiditatum finem etiam ad timoris remedia proficere. « Desines, inquit, timere, si sperare desieris[4]. » Dices : « Quomodo ista tam diversa pariter sunt? » Ita est, mi Lucili : cum videantur dissidere, conjuncta sunt. Quemadmodum eadem catena et custodiam[5] et militem copulat, sic ista quæ tam dissimilia sunt pariter incedunt.

6. Spem metus sequitur. Nec miror ista sic ire : utrumque pendentis animi est, utrumque futuri exspectatione sollicitum. Maxima autem utriusque causa est, quod non ad præsentia aptamur, sed cogitationes in longinqua præmittimus. Itaque providentia[6], maximum bonum conditionis humanæ, in malum versa est. Feræ, pericula quæ vident, fugiunt; cum effugere, securæ sunt : nos et futuro torquemur et præterito. Multa bona nostra nobis nocent : timoris enim

---

1. *Infirmi animi est pati non posse divitias.* « Le sage ne conservera » chez lui aucun denier qui n'y soit entré honnêtement; mais s'il a de » grandes richesses, il ne voudra ni répudier, ni faire sortir de la mai- » son ces présents de la fortune, prix de sa vertu. » *De Vita Beata,* ch. XXIII). — On rapporte qu'Aristippe avait acheté une perdrix cinquante drachmes. Quelqu'un l'en blâma. « Quoi donc! ne l'aurais-tu pas ache- » tée une obole? — Si. — Eh bien! pour moi cinquante drachmes sont » une obole ».

2. *Lucellum.* La petite aubaine.

3. *Hecatonem.* Hécaton, de Rhodes, disciple de Panétius, assez célèbre dans l'antiquité.

4. *Si sperare desieris.* « Nous ne sommes jamais chez nous, dit Mon- » taigne, nous sommes toujours au delà : la crainte, le désir, l'espé- » rance nous élancent vers l'avenir et nous dérobent le sentiment et la » considération de ce qui est, pour nous amuser à ce qui sera, voire » quand nous ne serons plus. »

5. *Custodiam.* On traduira comme s'il y avait *custodem.*

6. *Providentia.* La faculté d'anticiper sur l'avenir, de voir devant soi.

tormentum memoria reducit, providentia anticipat. Nemo tantum præsentibus miser est. Vale.

EPISTOLA VI

Le philosophe, qui se sent transformé par la pratique de la sagesse, désire que cette transformation profite à son ami et saisit l'occasion de donner quelques maximes sur l'amitié véritable. La base en doit être chez les deux amis, le désir de ce qui est honnête, le désintéressement. Entre eux tout doit être commun. Ce que l'un apprend il l'enseignera aussitôt à l'autre. Sénèque veut que Lucilius participe à ses progrès, et pour qu'ils deviennent plus rapides, souhaite l'avoir près de lui.

Seneca Lucilio suo salutem.

1. Intelligo, Lucili, non emendari me tantum, sed transfigurari : nec hoc promitto jam aut spero, nihil in me superesse, quod mutandum sit. Quidni multa habeam quæ debeant colligi[1], quæ extenuari, quæ attolli? Et hoc ipsum argumentum[2] est in melius translati animi[3], quod vitia sua, quæ adhuc ignorabat, videt. Quibusdam ægris gratulatio fit, cum ipsi ægros se esse senserunt.

2. Cuperem itaque tecum communicare tam subitam mutationem mei : tunc amicitiæ nostræ certiorem fiduciam habere cœpissem, illius veræ, quam non spes, non timor, non

1. *Colligi* a le même sens que *componi*. On traduira comme s'il y avait : *colligi in ordinem.*
2. *Argumentum* : le signe auquel on reconnaît que...
3. *In melius translati*. Rapprocher *translati* de *transfigurari*. Cette dernière métaphore exprime littéralement un changement de forme. l'autre un changement de lieu.

utilitatis suæ[1] cura divellit, illius, cum qua homines moriuntur, et pro qua moriuntur. Multos tibi dabo qui non amico sed amicitia caruerunt. Hoc non potest accidere, cum animos in societatem honesta cupiendi par voluntas trahit.

3. Quidni non possit? Sciunt enim ipsos omnia habere communia, et quidem magis adversa. Concipere animo non potes, quantum momenti[2] afferre mihi singulos dies videam. « Mitte, inquis, et nobis ista, quæ tam efficacia expertus es. » Ego vero cupio omnia ista in te transfundere, et in hoc aliquid gaudeo discere, ut doceam[3] : nec me ulla res delectabit, licet sit eximia et salutaris, quam mihi uni sciturus sum.

4. Si cum hac exceptione[4] detur sapientia, ut illam inclusam teneam, nec enuntiem, rejiciam. Nullius boni, sine socio, jucunda possessio est. Mittam itaque ipsos tibi libros : et ne multum operæ impendas, dum passim profutura sectaris, imponam notas, ut ad ipsa protinus, quæ probo et miror, accedas. Plus tamen tibi et viva vox et convictus quam oratio proderit : in rem præsentem venias oportet, primum, quia homines amplius oculis quam auribus credunt : deinde quia longum iter est per præcepta, breve et efficax per exempla.

5. Zenonem Cleanthes[5] non expressisset, si eum tantum-

1. *Utilitatis suæ* désigne l'intérêt personnel, égoïste, de chacun des deux amis, dont le souci peut rompre l'intimité. Les intérêts individuels, au sens propre du mot, sont toujours en antagonisme. Les philosophes de l'école utilitaire ont précisément contesté cette opposition ; ils ne l'ont pu contester qu'au prix d'équivoques.

2. *Quantum momenti.* C'est, pourrait-on dire, la *quantité de mouvement* vers le bien dépensée chaque jour par le philosophe.

3. *Ut doceam.* « La nature nous pousse à nous rendre utiles par » l'enseignement, et à donner aux hommes des règles de prudence. » (Cicéron, *De Finibus*, l. III.)

4. *Cum hac exceptione.* Avec cette réserve.

5. *Cleanthes.* Le stoïcien Cléanthe est né vers l'an 300 (av. J.-C.). Il débuta par être athlète. Survint une révolution politique qui le réduisit à l'indigence presque complète et lui fit quitter pour Athènes l'Asie-

modo audisset : vitæ ejus interfuit, secreta perspexit, obser-
vavit illum an ex formula sua viveret[1]. Plato et Aristoteles et
omnis in diversum itura sapientium turba plus ex moribus,
quam ex verbis Socratis traxit.

34. Metrodorum[2], et Hermarchum[3], et Polyænum, magnos
viros non schola Epicuri sed contubernium fecit. Nec in
hoc te accerso tantum ut proficias, sed ut prosis : plurimum

Mineure, son pays natal. En arrivant à Athènes, il n'avait dit-on que
quatre drachmes : il se fit portefaix, porteur d'eau. Il suivait néanmoins Cratès le Cynique, disciple du fameux Diogène. Il devait l'abandonner pour Zénon dont il était destiné à être l'élève le meilleur et le
plus illustre. Et pourtant il ne cessait point de tourner la meule, bien
qu'il écrivît sur les astres et sur les dieux des traités sublimes. Il
mourut vers l'an 225. Le sénat romain lui fit élever une statue à Assos
où il était né. Diogène de Laërte nous donne la liste des ouvrages de
Cléanthe. Il a écrit sur le Temps, sur la Philosophie d'Héraclite, sur le
Poète, sur le Plaisir. Ces ouvrages sont perdus. On en retrouve des
fragments dans Stobée, Cicéron, Clément d'Alexandrie. Cléanthe était
poète ; son Hymne à Jupiter est resté célèbre. Jupiter était pour lui
le dieu suprême, tout puissant, éternel, gouvernant la nature selon des
lois immuables. Mais ce dieu ne se distinguait pas du monde. Comme
tous les stoïciens, Cléanthe est profondément panthéiste, et ainsi que
beaucoup de panthéistes il est profondément religieux. Dans l'é-
pître CVII à Lucilius, Sénèque traduit ainsi un fragment de Cléanthe :

Duc me, parens, celsique dominator poli
Quocumque placuit : nulla parendi mora est.
Adsum impiger. Fac nolle, comitabor gemens,
Malusque patiar, quod pati licuit bono.
Ducunt volentem fata, nolentem trahunt.

1. An ex formula sua viveret. Si sa conduite s'accordait avec ses
maximes de morale.
2. Metrodorum. Métrodore, disciple d'Épicure, est le vrai chef de
ceux qui s'intitulent comme Horace : « Epicuri de grege porci. » Il cher-
chait « dans les plaisirs du ventre » l'origine de la vie heureuse. Certains l'ont dit originaire d'Athènes. Strabon et Diogène de Laërte le
font naître à Lampsaque. Malgré ses maximes, la tradition nous le présente comme un fort honnête homme, très énergique, très ferme. Il
était, du reste, l'ami intime d'Épicure.
3. Hermarchum. Hermarchus et Polyénus naquirent l'un à Mitylène,
l'autre à Lampsaque. Hermarchus fut désigné par Épicure comme son
successeur et il hérita de tous les biens de son maître.

enim alter alteri conferemus. Interim, quoniam diurnam tibi
mercedulam debeo, quid me hodie apud Hecatonem delec-
taverit dicam. « Quæris, inquit, quid profecerim? Amicus esse mihi cœpi. » Multum profecit : nunquam erit solus.
Scito hunc amicum omnibus esse. Vale.

EPISTOLA VII

Si le sage peut avoir des amis, et même doit en avoir, il lui faut à
tout prix éviter la foule. Prendre part aux plaisirs du peuple est un
danger pour lui. Sénèque en a fait tout récemment l'expérience.
Il est allé au spectacle, assister à un combat de gladiateurs. Le
philosophe déplore les effets de ces scènes de meurtre qui endur-
cissent l'âme et peuvent lui faire prendre insensiblement l'habitude,
peut-être, même, le goût de la cruauté. — Mais si l'on évite la foule on
néglige les occasions de prêcher le bon exemple! — Qu'on les néglige:
le peuple est incorrigible, il n'écoute jamais que ses flatteurs. Laiss-
ons-le donc à son irrémédiable corruption et disons avec Démo-
crite : « Un seul homme est pour moi le public, et le public un seul
» homme. »

Seneca Lucilio suo salutem.

1. Quid tibi vitandum præcipue existimem, quæris? turbam. Nondum illi tuto commiseris. Ego certe confiteor im-
becillitatem meam. Nunquam mores quos extuli refero[1].
Aliquid ex eo quod composui[2] turbatur : aliquid ex his quæ
fugavi redit. Quod ægris evenit, quos longa imbecillitas

1. *Nunquam mores quos extuli refero.* Jamais je ne rapporte à la
maison les habitudes que j'en avais emportées.
2. *Quod composui.* Dans cet ensemble où j'avais mis de l'ordre, un
trouble se produit.

usque eo affecit, ut nusquam sine offensa proferantur[1], hoc accidit nobis quorum animi ex longo morbo reficiuntur. Inimica[2] est multorum conversatio. Nemo non aliquod nobis vitium aut commendat, aut imprimit, aut nescientibus allinit[3].

2. Utique quo major est populus cui miscemur, hoc periculi plus est. Nihil vero est tam damnosum bonis moribus quam in aliquo spectaculo desidere. Tunc enim per voluptatem facilius vitia subrepunt. Quid me existimas dicere? avarior redeo, ambitiosior, luxuriosior, immo vero crudelior et inhumanior, quia inter homines fui. Casu in meridianum spectaculum[4] incidi, lusus exspectans, et sales, et aliquid laxamenti, quo hominum oculi ab humano cruore acquiescant.

3. Contra est : quidquid ante pugnatum est[5], misericordia fuit. Nunc omissis nugis, mera homicidia sunt : nihil habent quo tegantur ; ad ictum totis corporibus expositi, nunquam frustra manum mittunt. Hoc plerique ordinariis paribus et postulatitiis præferunt. Quidni præferant? non galea, non scuto repellitur ferrum. Quo munimenta? quo artes? Omnia ista mortis moræ sunt[6]. Mane leonibus et ursis homines, meridie spectatoribus suis objiciuntur. In-

1. *Ut nusquam sine offensa proferantur*, de telle sorte qu'on ne peut jamais les faire sortir sans accident.

2. *Inimica.* On traduira comme s'il y avait : *inimica sapienti* ou *homini.* Il est mauvais de vivre en compagnie d'un trop grand nombre de personnes.

3. *Allinit. Allinire* signifie littéralement : mettre un enduit. « Là, il se trouvera toujours quelqu'un pour nous prêcher un vice ou l'autre, pour nous l'imprimer, pour le répandre sur nous à notre insu. »

4. *In meridianum spectaculum.* Il se donnait dans les arènes deux représentations : la première avait lieu le matin, la seconde au milieu du jour.

5. *Quidquid ante pugnatum est, misericordia fuit.* Tous les combats précédents, comparés au combat actuel, ont été des actes de miséricorde.

6. *Omnia ista mortis moræ sunt.* Tout cela ne sert qu'à retarder la mort.

terfectores[1] interfecturis jubent objici, et victorem in aliam detinent cædem : exitus pugnantium mors est : ferro et igne[2] res geritur. Hæc fiunt, dum vacat arena[3].

4. Sed latrocinium fecit aliquis. Quid ergo meruit? Ut suspendatur. Occidit hominem : quia occidit ille, meruit ut hoc pateretur : tu quid meruisti, miser, ut hoc spectes? Occide, verbera, ure ! Quare tam timide incurrit in ferrum? quare parum audacter occidit? quare parum libenter moritur ? Plagis agitur in vulnera : mutuos ictus[4] nudis et obviis pectoribus excipiant. Intermissum est spectaculum : interim jugulantur homines, ne nihil agatur. Age, ne hoc quidem intelligitis, mala exempla in eos redundare qui faciunt? Agite diis immortalibus gratias, quod eum docetis esse crudelem, qui non potest discere[5].

5. Subducendus populo est tener animus[6], et parum tenax recti : facile transitur ad plures[7]. Socrati et Catoni et Lælio excutere[8] morem suum dissimilis multitudo potuisset : adeo[9] nemo nostrum, qui cum maxime concinnamus[10] ingenium, ferre impetum vitiorum tam magno comitatu venientium potest.

---

1. *Interfectores.* Ceux qui le matin ont été vainqueurs dans la lutte contre les bêtes fauves.

2. *Igne.* On menaçait sans doute du feu celui qui désertait le combat.

3. *Dum vacat arena.* Pour occuper les intermèdes.

4. *Mutuos ictus.* S'ils reculent ils ont le dos battu de verges. S'ils avancent ils reçoivent les coups en pleine poitrine.

5. *Qui non potest discere.* Certains commentateurs, *Juste Lipse et Muret* entre autres, voient dans ce passa;   flatterie à l'adresse de Néron. Mais les *Lettres à Lucilius* ont été éc   s à la fin du règne.

6. *Subducendus populo.* Il faut écarter   ces réunions populaires.

7. *Ad plures.* Du côté du plus grand nombre. Cf. *De Vita Beata*, caput I : « Hic exitus est omnis judicii, in quo secundum *plures* datur.

8. *Excutere.* Faire tomber en secouant: c'est-à-dire ébranler les bonnes habitudes assez fortement pour les déraciner. *Suum* se rapporte aux noms propres qui précèdent.

9. *Adeo.* Et cela est tellement vrai que...

10. *Concinnamus*, ici, a le même sens que *componimus*.

6. Unum exemplum aut luxuriæ[1], aut avaritiæ, multum mali facit : convictor delicatus paulatim enervat et emollit : vicinus dives cupiditatem irritat : malignus comes quamvis candido et simplici rubiginem suam affricuit[2] : quid tu accidere his moribus credis, in quos publice factus est impetus[3]? Necesse est aut imiteris, aut oderis. Utrumque autem devitandum est : neve similis malis fias, quia multi sunt, neve inimicus multis, quia dissimiles sunt.

7. Recede in te ipsum quantum potes : cum his versare, qui te meliorem facturi sunt : illos admitte, quos tu potes facere meliores. Mutuo ista fiunt, et homines, dum docent[4], discunt.

8. Non est quod te gloria publicandi ingenii[5] producat in medium, ut recitare istis velis, aut disputare, quod facere te vellem, si haberes[6] isti populo idoneam mercem. Nemo est qui intelligere te possit. Aliquis fortasse unus aut alter

1. *Luxuriæ* s'oppose à *avaritiæ*. M. Baillard traduit : un seul exemple de prodigalité ou de lésine... *Avaritia* signifie en général : amour de l'argent, cupidité, mais ici on doit le prendre dans le sens particulier d'*avarice*.

2. *Affricuit*. S'est frotté à une âme pure et franche et lui a communiqué sa rouille.

3. *In quos publice factus est impetus*. Lagrange traduit : « Que sera-ce donc si tout un peuple nous livre un assaut général ? »

4. *Et homines, dum docent, discunt*. Enseigner c'est apprendre surtout quand il s'agit d'un enseignement de morale pratique. Le directeur de conscience n'a pas seulement à formuler des maximes, mais à fournir les moyens de s'y conformer. Ces moyens changent selon les cas et les personnes ; c'est donc en dirigeant les consciences qu'on apprend à les diriger. La science psychologique peut sans doute venir en aide, mais elle ne saurait donner en ces matières que des indications trop générales pour être efficaces. Quant à la « Morale pratique, » elle fournit des préceptes, rien de plus. Elle reste donc, en dépit de son nom, en dehors de la vraie pratique.

5. *Gloria publicandi ingenii*. *Gloria* : désir orgueilleux. *Publicare* : produire en public. *Ingenium* signifie le caractère, ce qui constitue à proprement parler la personne, ses qualités dominantes.

6. *Si haberes isti populo idoneam mercem*. Si tu pouvais offrir à ce peuple une marchandise de son goût.

incidet, et hic ipse formandus tibi erit, instituendusque[1] ad intellectum tui. « Cui ergo, ista didici? » Non est quod timeas ne operam perdideris, si tibi didicisti.

9. Sed ne mihi soli hodie didicerim, communicabo tecum quæ occurrerunt mihi egregie dicta circa eumdem fere sensum tria : ex quibus unum hæc epistola in debitum solvet. Duo in antecessum[2] accipe. Democritus ait : « Unus mihi pro populo est, et populus pro uno. » Bene et ille quisquis fuit (ambigitur enim de auctore), cum quæreretur ab illo, quo tanta diligentia artis spectaret ad paucissimos perventuræ : « Satis sunt, inquit, mihi pauci, satis est unus, satis est nullus. »

10. Egregie hoc tertium Epicurus, cum uni ex consortibus studiorum suorum scriberet : « Hæc, inquit, ego non multis, sed tibi : satis enim magnum alter alteri theatrum sumus. » Ista, mi Lucili, condenda in animum sunt, ut contemnas voluptatem ex plurium assensione venientem. Multi te laudant. Et quid habes cur placeas tibi, si is es quem intelligant multi ? Introrsus[3] bona tua spectent. Vale.

1. *Instituendus ad intellectum tui.* Il faudra le dresser à te comprendre.

2. *In antecessum.* Comme avance.

3. *Introrsus,* etc... C'est au-dedans de toi-même qu'ils doivent chercher tes mérites.

EPISTOLA VIII

Cette lettre complète la *sixième* où il est dit que le sage ne doit ni par ses manières ni par ses habitudes se distinguer des autres hommes. On doit supposer que Lucilius répondit à la lettre VI et que Sénèque put craindre, d'après sa réponse, de n'avoir pas été suffisamment compris. Autre chose est faire comme on dit, bande à part, autre chose est suivre la foule et se mêler partout à elle. Cela il le faut éviter à tout prix. Lucilius n'assistera donc pas aux jeux du cirque, aux combats de gladiateurs : quand on s'applique à devenir sage il faut craindre l'exemple. — Mais comment faire des prosélytes si l'on vit retiré? — En tout cas il ne faut pas chercher ces prosélytes dans la foule : là il ne se peut trouver, sauf de très rares exceptions, que des auditeurs inintelligents ou indignes.

Seneca Lucilio suo salutem.

1. « Tu me, inquis, vitare turbam jubes, secedere, et conscientia esse contentum? ubi illa præcepta vestra, quæ imperant in actu mori[1]? » Quod ego tibi videor inertiam suadere, in hoc me recondidi, et fores clausi, ut prodesse pluribus possem. Nullus mihi per otium dies exit : partes noctium studiis vindico : non vaco somno, sed succumbo, et oculos vigilia fatigatos cadentesque in opere detineo. Secessi non tantum ab hominibus, sed a rebus et imprimis a rebus meis.

2. Posterorum negotium ago : illis aliqua quæ possint prodesse conscribo : salutares admonitiones velut medicamentorum utilium compositiones litteris mando, esse illas efficaces in meis ulceribus[2] expertus, quæ etiamsi persanata

1. *In actu mori.* Mourir dans l'action.
2. *In ulceribus.* Certains manuscrits portent *vulneribus.* C'est le

non sunt, serpere desierunt. Rectum iter, quod sero cognovi,
et lassus errando, aliis monstro. Clamo : « Vitate quæ-
» cumque vulgo placent, quæ casus attribuit[1] : ad omne
» fortuitum bonum suspiciosi pavidique subsistite.

« 3. Et fera et piscis spe aliqua oblectante decipitur.
» Munera ista fortunæ putatis? insidiæ sunt. Quisquis nos-
» trum tutam agere vitam volet, quantum plurimum potest,
» ista viscata beneficia[2] devitet in quibus hoc quoque[3] miser-
» rimi fallimur : habere nos putamus, hæremus. In præci-
» pitia cursus iste deducit : hujus eminentis vitæ[4] exitus
» cadere est. Deinde ne resistere quidem licet, cum cœpit
» transversos agere felicitas, aut saltem rectis[5]; aut semel
» ruere. Non vertit fortuna, sed cernulat et allidit. Hanc ergo

propre des *ulcères* de *serpere*, c'est-à-dire de gagner de proche en
proche.

1. *Vitate quæ casus attribuit.* « Souviens-toi que ce qu'on se promet
» dans le désir, c'est d'obtenir l'objet désiré, ce qu'on se promet dans
» l'aversion, c'est d'éviter l'objet en aversion; et celui qui est frustré
» dans son désir est malheureux, celui qui tombe dans ce qu'il fuit
» misérable. » (Épictète *Manuel, II.*)

2. *Viscata beneficia.* Mot à mot : bienfaits enduits de glu et com-
parables aux amorces dont se sert le pêcheur ou le chasseur.

3. *In quibus hoc quoque.* Ces bienfaits sont suivis de pièges dans
lesquelles nous tombons. *Hoc quoque* est une locution adverbiale : en
ceci que : *habere nos*, etc...

4. *Hujus eminentis vitæ.* A vivre sur les sommets, on s'expose à une
chute inévitable.

5. *Aut saltem rectis aut semel ruere.* Dans la plupart des éditions, ce
membre de phrase est détaché de ce qui le précède, comme si à lui seul
il présentait un sens complet et intelligible. Si l'on fait dépendre *aut
saltem rectis* de *licet*, en mettant une virgule et non un point après
felicitas, on peut expliquer comme il suit : « Une fois que la prospérité
a commencé à nous pousser de travers, il ne nous est plus permis ni de
résister, ni de tomber tout droits (c'est-à-dire étendus), ni de tomber
une seule fois. La fortune en effet ne se contente pas de nous renverser,
elle nous roule et nous brise sur les écueils. » Dans le cas où l'on réta-
blirait le point après *felicitas* on pourrait supposer que Sénèque fait
allusion à un proverbe. On expliquerait de la sorte : « Comme dit le
proverbe, il faut ou entrer dans le port, les voiles droites (*rectis velis*)
ou tomber tout d'un coup. » Enfin il se pourrait que *ruere* fût un impératif passif. Dans ce cas la dernière explication subsisterait.

» sanam ac salubrem formam vitæ[1] tenete, ut corpori tantum
» indulgeatis quantum bonæ valetudini satis est. Duriùs
» tractandum est, ne animo male pareat : cibus famem
» sedet, potio sitim exstinguat, vestis arceat frigus, domus
» munimentum sit adversus infesta corporis. Hanc utrum
» cæspés[2] erexerit, an varius lapis gentis alienæ, nihil inte-
» rest : scitote hominem tam bene culmo, quam auro tegi.

   « 4. Contemne omnia, quæ supervacuus labor[3] velut
» ornamentum ac decus ponit. Cogita, in te, præter animum,
» nihil esse mirabile : cui magno nihil magnum est. » — Si
hæc mecum, si hæc cum posteris loquor, non videor tibi
plus prodesse, quam cum ad vadimonium advocatus descenderem[4], aut tabulis testamenti annulum imprimerem, aut
in senatu, candidato vocem et manum commodarem? Mihi
crede : qui nihil agere videntur, majora agunt, humana divi-
naque simul tractant.

   5. Sed jam finis faciendus est et aliquid, ut institui, pro
hac epistola dependendum[5]. Id non de meo fiet : adhuc
Epicurum complicamus, cujus hanc vocem hodierno die
legi : « Philosophiæ servias oportet, ut tibi contingat vera
libertas. » Non differtur in diem, qui se illi subjecit et tra-
didit : statim circumagitur; hoc enim ipsum philosophiæ

---

1. *Formam vitæ*. Plan de vie.
2. *Hanc utrum cæspes*, etc. Que votre demeure soit faite de gazon,
faite d'un marbre aux nuances diverses et pris à l'étranger, peu importe! sachez que pour l'homme, le chaume est un aussi sûr abri que
l'or.
3. *Quæ supervacuus labor*, etc. On traduit comme s'il y avait : *quæ
supervacuo labore (in domo) ponuntur*.
4. *Ad vadimonium advocatus descenderem*, etc Si je me tiens ce
langage, à moi et à la postérité, ne penses-tu pas que je me rends
utile, plus utile que si je descendais au forum, appelé par un citoyen
pour témoigner en sa faveur, que si j'apposais mon sceau au bas d'un
testament, que si j'allais au sénat pour appuyer une candidature de la
voix et du geste?
5. *Pro hac epistola dependendum*. Il me faut payer pour cette
lettre.

servire, libertas est. Potest fieri ut me interroges, quare ab Epicuro tam multa bene dicta referam potius quam nostrorum.

6. Quid est tamen, quare tu istas Epicuri voces putes esse, non publicas? Quam multa poetæ dicunt, quæ philosophis aut dicta sunt aut dicenda! Non attingam tragicos, aut togatas nostras : habent enim hæ quoque aliquid severitatis et sunt [inter comœdias et tragœdias mediæ. Quantum disertissimorum versuum inter mimos jacet! quam multa Publii[1], non excalceatis, sed cothurnatis dicenda sunt!

7. Unum ejus versum, qui ad philosophiam pertinet, et ad hanc partem quæ modo fuit in manibus[2], referam, quo negat fortuita in nostro habenda :

Alienum est omne, quidquid optando venit.

Hunc versum a te dici non paulo melius, sed adstrictius[3], memini :

Non est tuum, fortuna quod fecit tuum.

Illud etiamnunc melius dictum a te non præteribo :

Dari bonum quod potuit, auferri potest.

Hoc non imputo in solutum; de tuo tibi[4]. Vale.

1. *Publii.* Il s'agit de *Publius Syrus* écrivain latin, auteur de *Sentences.* Né (probablement) en Syrie, il vint à Rome comme esclave, reçut la liberté, écrivit, figura dans des parades burlesques, ce qui explique le mot *excalceatis* (déchaussés). Il vivait au temps de J. César qui estimait son talent d'acteur.
2. *Quæ modo fuit in manibus.* Que nous traitions tout à l'heure.
3. *Adstrictius.* D'une manière plus concise.
4. *Hæc non imputo in solutum : de tuo tibi.* On expliquera comme si le texte portait *in solutum de meo.* Ce n'est point sur sa bourse mais sur celle de Lucilius que Sénèque s'acquitte.

4.

EPISTOLA IX

Le sage a-t-il besoin d'amis? Non, car il n'a besoin de rien, s'il
faut entendre un besoin égoïste. Le sage est exempt de toutes
les passions: quand il les éprouve il les dompte. Ainsi le sage se suffit
à lui-même. Pourquoi donc se ferait-il des amis ? Pour leur rendre
service. Cette lettre est remarquable entre toutes par la richesse des
développements.

Seneca Lucilio suo salutem.

1. An merito reprehendat in quadam epistola Epicurus
eos qui dicunt sapientem se ipso esse contentum et propter
hoc, amico non indigere, desideras scire. Hoc objicitur Stilponi [1] ab Epicuro, et his, quibus summum bonum visum est

---

1. *Stilponi.* Stilpon appartenait à l'école de Mégare. La philosophie de
l'école du Mégare est fort incomplètement connue. Pour se faire une
idée des principes de cette école, on doit consulter l'auteur du *Sophiste.*
Platon attribue aux Mégariques cette opinion, à savoir que les concepts immatériels sont la seule réalité. Comme il parle d'eux sans les
nommer, on a pu mettre en doute qu'il ait fait allusion à eux et non à
d'autres philosophes antérieurs à Socrate. C'est Schleiermacher qui le
premier reconnut dans le texte du *Sophiste* une allusion à la philosophie
d'Euclide et de son école. D'après Édouard Zeller (*La philosophie des
Grecs*, t. III de la traduction française, p. 228-260), les Mégariques,
postérieurs à Socrate, sont « amis des idées » et par la même font
reposer la science non sur l'expérience mais sur les « concepts ».
A ce point de vue, ils sont idéalistes. Leur thèse favorite consiste
à prétendre que les sens ne nous mènent pas au vrai, qu'ils n'attei-
gnent que le devenir, que par la pensée seule on arrive à l'être. Platon
accorde à l'être la puissance active. Euclide la lui refuse. Il le con-
çoit dépourvu d'action, de passion, de mouvement.
En désaccord avec Platon sur la nature de l'être, Euclide adopte
presque entièrement la théorie de Socrate sur le bien. Il croit que le
bien est un, immuable, toujours identique à lui-même. Ainsi, la fin

animus impatiens. In ambiguitatem incidendum est, si exprimere ἀπάθειαν[1] uno verbo cito voluerimus, et *impatientiam* dicere. Poterit enim contrarium ei, quod significare volumus, intelligi.

2. Nos eum volumus dicere qui respuat omnis mali sensum : accipietur is, qui nullum possit ferre malum. Vide ergo, num satius sit, aut *invulnerabilem animum* dicere, aut *animum extra omnem patientiam positum.* Hoc inter nos et illos interest : noster sapiens vincit quidem incommodum omne, sed sentit ; illorum, ne sentit quidem. Illud nobis et illis commune est, sapientem se ipso esse contentum. Sed tamen et amicum habere vult, et vicinum, et contubernalem, quamvis sibi ipse sufficiat.

3. Vide quam sit se contentus : aliquando sui parte contentus est. Si illi manum aut morbus aut hostis exciderit, si quis oculum casu excusserit, reliquiæ illi suæ satisfacient, et erit imminuto corpore et amputato tam lætus, quam integro fuit. Sed quæ sibi desunt, non desiderat[2]. Non deesse

morale de l'homme est une. Unique objet digne de notre activité pratique, le bien est aussi le seul objet digne de notre activité spéculative; seul, il est objet de science. Aussi les Mégariques postérieurs à Euclide en viendront-ils à contester la pluralité des concepts.

Stilpon est de l'école de Mégare, mais sur bien des points il s'accorde avec les Cyniques. Avec Antisthène, par exemple, il nie la possibilité d'unir un prédicat à un sujet : donc pas de définition. A ses yeux le souverain bien consiste dans l'apathie : il prêche le mépris des choses extérieures, il proteste contre ceux qui souffrent de l'exil, enfin il va jusqu'à railler les croyances religieuses de ses contemporains.

1. Ἀπάθειαν. Sénèque définit ce terme autrement que Stilpon. On remarquera ce qui suit : *qui respuat omnis mali sensum.* L'homme peut souffrir, il peut même sentir qu'il souffre, mais il ne doit être ni vaincu ni atteint par la douleur. En un mot, il doit lui refuser son assentiment. Souvenons-nous que dans le système stoïcien la sensibilité n'est pas le tout de l'homme, qu'elle doit être gouvernée par le jugement et que le jugement ne s'exerce jamais sans le concours de la volonté.

2. *Sed quæ sibi desunt non desiderat.* La doctrine de Sénèque sur ce point semble être restée invariable. Elle est longuement et fortement défendue dans le *De Vita Beata.* Le sage ne doit tenir qu'au

mavult. Ita sapiens se contentus est, non ut velit esse sine amico, sed ut possit : et hoc quod dico, *possit*, tale est : amissum æquo animo fert. Sine amico quidem nunquam erit : in sua potestate habet, quam cito reparet.

4. Quomodo si perdiderit Phidias statuam, protinus alteram faciet, sic hic faciendarum amicitiarum artifex substituet alium in locum amissi. Quæris quomodo amicum cito facturus sit : dicam, si illud mihi tecum convenerit [1], ut statim tibi solvam quod debeo, et quantum ad hanc epistolam, paria faciamus [2]. Hecaton ait : « Ego tibi monstrabo amatorium, sine medicamento, sine herba, sine ullius veneficæ carmine. Si vis amari, ama. » Habes [3] autem non tantum amicitiæ usu veteris et certæ, magnam voluptatem, sed etiam initium et comparationem novæ.

5. Quod interest inter metentem agricolam, et serentem, hoc inter eum qui paravit amicum, et qui parat. Attalus [4]

vrai bien, sans doute; mais en dehors du bien il est des choses dont la possession est préférable à la privation. De ces choses la recherche n'est pas permise, mais quand elles nous viennent, l'usage en est légitime.

1. *Si illud mihi tecum convenerit.* Si tu es d'accord avec moi pour que... etc.

2. *Et quantum ad hanc epistolam paria faciamus.* Et que, pour cette lettre, nous soyons quittes.— Une maxime par lettre, voilà l'engagement pris par Sénèque. D'ordinaire il l'énonce soit à la fin soit vers la fin de chaque épître. Ici il l'exprime dès le début, comme un texte sur lequel il va prêcher.

3. *Habes autem.* Nous adoptons la leçon de Fickert. Certaines éditions portent : *habet...* etc., *usus*, etc., *comparatio.* Quelque texte qu'on adopte, l'idée générale reste la même. En effet, en lisant comme le veut Fickert *initium* et *comparationem* à l'accusatif, en laissant subsister *sed etiam* on doit supposer que Sénèque fait implicitement allusion aux joies qui accompagnent la formation d'une amitié.

4. *Attalus.* Cet Attale était un philosophe d'une grande éloquence. Sénèque nous dira (Cf. *ad Lucilium epistola CVIII*) qu'il assiégeait son école, le premier à y entrer, le dernier à en sortir. « Quand il se » promenait je faisais naître certaines discussions : non seulement il » était tout disposé à répondre quand on l'interrogeait, mais il devançait » nos interrogations. « Celui qui enseigne et celui qui apprend, disait- » il, doivent viser un but commun et vouloir, l'un se rendre utile, l'autre

philosophus dicere solebat : « Jucundius esse amicum facere, quam habere, quomodo artifici jucundius est pingere, quam pinxisse. » Illa in opere suo occupata sollicitudo, ingens oblectamentum habet in ipsa occupatione. Non æque delectatur[1] qui ab opere perfecto removit manum : jam fructu artis suæ fruitur; ipsa fruebatur arte cum pingeret. Fructuosior est adolescentia liberorum, sed infantia dulcior.

6. Nunc ad propositum revertamur. Sapiens, etiam si contentus est se, tamen habere amicum vult. Si nihil aliud, ut exerceat amicitiam, ne tam magna virtus jaceat[2], non ob hoc quod Epicurus dicebat in hac ipsa epistola, ut habeat qui sibi ægro assideat, succurrat in vincula conjecto vel inopi, sed ut habeat aliquem, cui ipse ægro assideat, quem ipsum circumventum hostili custodia liberet.

---

1 profiter. » Dans la lettre LXIII, Sénèque cite encore cette pensée du philosophe Attale sur la perte des amis. « Le souvenir des amis morts » est agréable : ainsi de certains fruits dont le goût est âpre et cependant » agréable, ainsi de certains vins vieux dont le goût amer flatte notre » palais. Puis le temps s'écoule : toute amertume disparaît et le plaisir » s'offre à vous sans mélange. » Il est encore fait mention d'Attale dans la lettre LXVII : « Attalus le stoïcien disait souvent : « J'aime mieux » que la fortune me tienne dans ses camps que dans ses lieux de » délices. Là, sans doute, elle me torture, mais je souffre avec cou- » rage; elle me fait périr, mais je meurs avec courage. Ainsi donc, » tout va bien. »

1. *Non æque delectatur*, etc... La comparaison de Sénèque est-elle d'une justesse irréprochable? On peut le contester. Quand on s'est donné la mission de guérir les âmes et de les redresser et qu'on s'acquitte de cette mission avec amour, on éprouve le besoin de s'en acquitter sans relâche. Sénèque parle ici comme ferait un directeur de conscience. N'oublions pas cependant, que si l'on se sent plus heureux à semer qu'à recueillir, le plaisir éprouvé pendant les semailles est d'autant plus vif qu'on a plus de raisons d'espérer une bonne récolte. Pour jouir de ce qu'on fait pendant qu'on le fait, il faut être à peu près sûr d'un bon résultat. Le sage n'éprouve tant de joie à se préparer des amis qu'à la condition d'être sûr de ne point travailler en pure perte. L'intensité du plaisir qui accompagne l'acte est donc, pourrait-on dire, fonction des plaisirs déjà éprouvés à la suite de succès antérieurs.

2. *Ne tam magna virtus jaceat.* Pour qu'une vertu si importante ne reste pas sans exercice.

7. Qui se spectat, et propter hoc ad amicitiam venit, male cogitat : quemadmodum cœpit, sic desinet. Paravit amicum adversus vincula laturum opem : cum primum crepuerit catena, discedet. Hæ sunt amicitiæ, quas *temporarias* populus appellat. Qui causa utilitatis assumptus est tamdiu placebit quamdiu utilis fuerit. Hac re florentes amicorum turba circumsedet : circa eversos ingens solitudo est : et inde amici fugiunt, ubi probantur[1].

8. Hac re ista tot nefaria exempla sunt, aliorum metu relinquentium, aliorum metu prodentium. Necesse est initia inter se et exitus congruant. Qui amicus esse cœpit, quia expedit, placebit ei aliquod pretium contra amicitiam, si ullum in illa placet pretium præter ipsam. In quid amicum paro? ut habeam pro quo mori possim, ut habeam quem in exsilium sequar, cujus me morti opponam et impendam.

9. Ista, quam tu describis, negotiatio est, non amicitia, quæ ad commodum accedit, quæ, quid consecutura sit, spectat. Non dubie habet aliquid simile amicitiæ, affectus amantium : possis dicere, illam esse insanam amicitiam : numquid ergo quisquam amat lucri causa? numquid ambitionis aut gloriæ? Ipse per se amor, omnium aliarum rerum negligens, animos in cupiditatem formæ, non sine spe mutuæ caritatis, accendit.

10. Quid ergo? ex honestiore causa coit turpis affectus? « Non agitur, inquis, nunc de hoc, an amicitia propter se ipsam expetenda sit. » Sed potest ad illam accedere, qui se ipso contentus est. Quomodo ergo ad illam accedit? Quomodo ad rem pulcherrimam non lucro captus, nec varietate fortunæ perterritus. Detrahit amicitiæ majestatem suam, qui illam parat ad bonos casus.

11. *Se contentus est sapiens.* Hoc, mi Lucili, plerique

---

1. *Et inde amici fugiunt ubi probantur.* Et les prétendus amis fuient les lieux où l'on met leur amitié à l'épreuve.

perperam interpretantur : sapientem undique submovent¹, et intra cutem suam cogunt. Distinguendum est autem, quid et quatenus² vox ista promittat. Se contentus est sapiens, ad beate vivendum, non ad vivendum. Ad hoc enim multis illi rebus opus est; ad illud tantum animo sano, et erecto, et despiciente fortunam.

12. Volo tibi Chrysippi³ quoque distinctionem indicare. Ait sapientem nulla re indigere et tamen multis illi rebus opus esse : contra, stulto nulla re opus est, nulla enim re uti scit, sed omnibus eget. Sapienti et manibus, et oculis, et multis ad quotidianum usum necessariis opus est ; eget nulla re, egere enim, necessitatis est ; nihil necesse sapienti est. Ergo, quamvis se ipso contentus sit, amicis illi opus est : hos cupit habere quam plurimos, non ut beate vivat : vivet enim etiam sine amicis beate. Summum bonum extrinsecus instrumenta non quærit, domi⁴ colitur : ex se

1. *Sapientem undique submovent*, etc... Ils repoussent le sage de partout et lui interdisent de sortir de lui-même. Littéralement : ils poussent de manière à le tenir emprisonné dans sa peau. Dans le même sens Martial a écrit : *Memento intra pelliculam, cerdo, manere tuam.*

2. *Quid et quatenus. Quid* désigne le sens, *quatenus*, la portée.

3. *Chrysippi.* Chrysippe est l'un des plus illustres représentants de l'école du Portique. Il fut disciple de Zénon et de Cléanthe, mais, selon Diogène de Laërte, il s'écarta souvent de leur avis. On le citait pour sa science et pour l'art avec lequel il maniait la dialectique. « Si les dieux, disait-on, font usage de la dialectique, ils ne peuvent se servir que de celle de Chrysippe. » On vantait aussi son assiduité au travail. Ses ouvrages auraient été au nombre de sept cent cinq volumes. Toutefois cette fécondité était plus apparente que réelle ; il traitait, paraît-il, le même sujet plusieurs fois, écrivait toutes ses pensées au fur et à mesure qu'elles lui venaient à l'esprit. Voici les titres de ses principaux ouvrages : *Sur les anciens physiciens; De la République; Des choses qui ne sont point préférables par elles-mêmes; Du Droit, Propositions sur la logique.* Les ouvrages les plus nombreux ont trait à la Logique et forment un assez grand nombre de *collections.* Diogène cite encore des ouvrages de morale qui roulent sur la manière de rectifier les notions morales. Chrysippe mourut à l'âge de soixante-treize ans, dans la CXLIII° olympiade.

4. *Domi* a le sens d'*introrsus*.

totum est. Incipit fortunæ esse subjectus, si quam partem sui foris quærit.

13. Qualis tamen futura est vita sapientis, si sine amicis relinquatur in custodiam conjectus, vel in aliqua gente aliena destitutus, vel in navigatione longa retentus, aut in desertum littus ejectus? Qualis et Jovis, cum, resoluto mundo [1], et diis in unum confusis [2], paulisper cessante natura, acquiescit sibi, cogitationibus suis traditus.

14. Tale quiddam sapiens facit : in se reconditur, secum est : quamdiu quidem illi licet suo arbitrio res suas ordinare, se contentus est : et ducit uxorem, se contentus : et liberos tollit, se contentus : et tamen non vivet, si fuerit sine homine victurus. Ad amicitiam fert illum nulla utilitas sua, sed naturalis irritatio [3] : nam ut aliarum nobis rerum innata dulcedo est, sic amicitiæ. Quomodo solitudo in odium est, et appetitio societatis, quomodo hominem homini natura

1. *Cum resoluto mundo.* Dans ce passage, il est fait allusion à la théorie des embrasements périodiques du monde. Le feu-principe doit au bout d'un certain nombre de siècles tout détruire ou du moins devenir la seule et unique réalité. Au fond, tout émane du feu, tout est feu. Mais à ne considérer que la surface des choses, la diversité des phénomènes va presque à l'infini. Cette diversité doit disparaître pour reparaître ensuite, dans un ordre toujours constant. Le monde se défait et se refait, mais chaque nouvel univers est semblable à ceux qui l'ont précédé. Cette théorie des embrasements périodiques paraît remonter jusqu'à l'ionien Anaximandre. Elle tient une grande place dans le système d'Héraclite auquel les Stoïciens l'ont empruntée. Il y a plus. Les expressions de Sénèque reproduisent, presque fidèlement, celles dont Héraclite aimait à se servir, celle-ci entre autres : *acquiescit sibi.* Jupiter se recueille comme s'il avait besoin de repos.

2. *Et diis in unum confusis.* Les Stoïciens sont panthéistes. Ils s'expriment cependant parfois comme s'ils croyaient à la pluralité des dieux. Ils introduisent dans leur vocabulaire les noms des divinités, de l'Olympe. Mais chacun de ces noms désigne une des formes principales sous lesquelles Jupiter se manifeste. Jupiter est l'un des noms du feu. C'est en lui et par lui que tous les autres dieux existent : car seul il est éternel, tandis que « les dieux », soumis à la même loi que les phénomènes du monde, naissent et meurent périodiquement.

3. *Naturalis irritatio* est synonyme de « *naturalis appetitus* ».

conciliat[1], sic inest huic quoque rei stimulus, qui nos amicitiarum appetentes faciat. Nihilominus, cum sit amicorum
amantissimus, cum illos sibi comparet, sæpe præferat,
omne intra se bonum terminabit, et dicet[2] quod Stilpon ille
dixit, Stilpon, quem Epicuri epistola insequitur[3]. Hic enim
capta patria, amissis liberis, amissa uxore, cum ex incen-
dio publico, solus et tamen beatus exiret, interroganti De-
metrio, cui cognomen ab exitio urbium, Poliorcetes fuit,
numquid perdidisset : « Omnia, inquit, bona mea mecum
sunt. »

15. Ecce vir fortis ac strenuus ! ipsam hostis sui victoriam
vicit. « Nihil, inquit, perdidi ! » Dubitare illum coegit an
vicisset. « Omnia mea mecum sunt » : justitia, virtus, prudentia, hoc ipsum[4], nihil bonum putare quod eripi possit.
Miramur animalia quædam, quæ per medios ignes sine
noxa corporum transeunt : quanto hic mirabilior vir, qui
per ferrum et ruinas et ignes, illæsus et indemnis evasit !

16. Vides, quanto facilius sit totam gentem, quam unum
virum vincere? Hæc vox illi est communis cum Stoico :
æque et hic intacta bona per concrematas urbes fert. Se
enim ipso contentus est, hoc felicitatem suam fine designat[5].
Ne existimes nos solos generosa verba jactare : et ipse Stil-

---

1. *Quomodo hominem homini natura conciliat.* C'était une maxime
admise par les Cyniques, que le sage doit trouver en lui-même de quoi
satisfaire le besoin de société. Les Stoïciens s'emparent de cette maxime.
Mais, venus après Aristote, ils se souviennent de cet instinct de sociabi-
lité qu'Aristote considérait comme un des caractères essentiels de l'espèce humaine. Ici Sénèque fait visiblement effort pour concilier les deux
thèses dont l'une si on la prenait sans restriction serait la contradictoire de l'autre.

2. *Cum illos sibi comparet, sæpe præferat.* Bien qu'il les mette
sur le même rang que lui, bien que souvent il leur assigne un rang
plus élevé que le sien.

3. *Insequitur.* Malmène.

4. *Hoc ipsum :* Et ce principe même, à savoir que..., etc.

5. *Hoc felicitatem suam fine designat.* Ce contentement lui est la
mesure de son bonheur.

ponis objurgator Epicurus similem illi vocem emisit, quam tu boni consule [1] etiamsi hunc diem jam expunxi.

17. « Si cui, inquit, sua non videntur amplissima, licet totius mundi dominus sit, tamen miser est. » Vel si hoc modo tibi melius enuntiari videtur : — id enim agendum, ut non verbis serviamus, sed sensibus — « Miser est, qui se non beatissimum judicat, licet imperet mundo. » Ut scias autem hos sensus communes esse, natura scilicet dictante, apud poetam comicum [2] invenies :

Non est beatus, esse se qui non putat.

18. Quid enim refert, qualis status tuus sit, si tibi videtur malus? « Quid ergo ! inquis, si beatum se dixerit ille turpiter dives, et ille multorum dominus, sed plurium servus, beatus sua sentCentia fiet? » Non quid dicat, sed quid sentiat, refert; nec quid uno die sentiat, sed quid assidue. Non est autem quod verearis, ne ad indignum res tanta [3] perveniat. Nisi sapienti sua non placent. Omnis stultitia laborat fastidio sui. Vale.

1. *Quam tu boni consule.* Fais-lui bon accueil.
2. *Poetam comicum.* Ce poète comique est Publius Syrus.
3. *Res tanta* désigne le bonheur.

EPISTOLA X

Fuyons toutes les compagnies, les grandes et les petites ; fuyons-nous nous-mêmes si nous ne savons point vivre selon la raison. On surveille l'homme que les passions dominent. Lucilius est de ceux qui peu- vent, sans crainte, être laissés à eux-mêmes. Il sait exprimer des sentences morales dignes d'une âme robuste et capable de mettre ses mœurs en harmonie avec ses maximes.

Seneca Lucilio suo salutem.

1. Sic est [1], non muto sententiam : fuge multitudinem, fuge paucitatem, fuge etiam unum. Non habeo cum quo te communicatum velim ; et vide quod judicium meum habeas [2] : audeo te tibi credere. Crates [3], ut aiunt, hujus ipsius Stil- ponis auditor, cujus mentionem priore epistola feci, cum vidisset adolescentulum secreto ambulantem, interrogavit quid illic solus faceret ? « Mecum, inquit, loquor » : cui

1. *Sic est, non muto sententiam.* Dans la lettre précédente, Sénèque insistait sur l'amitié et sur les avantages qu'elle donne. Lucilius en avait conclu, vraisemblablement, que le sage doit s'interdire la solitude, et sans doute il avait écrit à Sénèque pour lui demander dans quelle mesure il maintenait son interdiction. De là ce début : *Sic est :* Je maintiens ce que j'ai dit, je ne change point d'opinion.

2. *Quod judicium meum habeas.* Littéralement : quel jugement tu obtiens de moi sur ton compte.

3. *Crates.* Ce philosophe est un des plus célèbres de l'école cynique. On lui donne Zénon de Cittium pour élève. Il florissait vers l'an 325 : il était né à Thèbes. Diogène de Laërte rapporte plusieurs sentences de Cratès qui dénotent une âme profondément détachée de tout, un esprit prompt à railler, un cœur insensible, mais en revanche une grande fermeté d'âme, et une invincible constance à modeler sa vie sur ses maximes morales.

Crates : « Cave, inquit, rogo, et diligenter attende, ne cum homine malo loquaris. »

2. Lugentem timentemque custodire solemus, ne solitudine male utatur : nemo est ex imprudentibus[1], qui relinqui sibi debeat[2]. Tunc mala consilia agitant ; tunc, aut aliis, aut ipsis futura pericula struunt. Tunc cupiditates improbas ordinant[3] ; tunc quicquid aut metu aut pudore celabat, animus exponit[4] : tunc audaciam acuit, libidinem irritat, iracundiam instigat. Denique, quod unum solitudo habet commodum, nihil ulli committere, non timere indicem perit stulto[5] : ipse se prodit.

3. Vide itaque quid de te sperem, immo quid spondeam mihi ; spes enim incerti boni nomen est : non invenio cum quo te malim esse, quam tecum. Repeto memoria quam

1. *Imprudentibus.* Faute de science on manque à ses devoirs. On commence par être *imprudens* et l'on devient *improbus.* Sénèque comme presque tous les Stoïciens, comme Aristote, comme Socrate, ne sépare point la sagesse de la *science.* C'est du reste à Socrate que la tradition fait remonter la division des quatre vertus cardinales au nombre desquelles est la prudence. Cette dernière vertu a subi, depuis l'antiquité, une longue éclipse. La philosophie chrétienne place la bonne volonté au-dessus de tout, elle en fait, ou peu s'en faut, le bien suprême. A ce point de vue, Kant et les docteurs de l'Église semblent parler le même langage. En revanche les moralistes contemporains et parmi eux M. Spencer se rapprochent de ce qui fut la pensée de Socrate, et, l'on peut presque dire, de l'antiquité tout entière : la morale a la science pour base, et l'on a d'autant plus de chances de se bien conduire qu'on sait mieux et plus.

2. *Qui relinqui sibi debeat.* On demandait à Antisthène ce que lui avait rapporté l'étude de la philosophie : « Grâce à elle, répondit-il, j'ai pu vivre en compagnie de moi-même. »

3. *Ordinant.* Ils mettent en ordre leurs mauvais désirs. Ils les subordonnent les uns aux autres, selon leur objet, et selon leur degré d'aptitude à rendre certaine la réalisation du but poursuivi. L'observation de Sénèque est confirmée par la psychologie la plus élémentaire. La solitude est favorable à la réflexion, la réflexion d'autre part, quand elle n'est pas une arme contre la passion, est au contraire une arme à son service, témoins, entre autres *Tartufe,* et *Don Juan.*

4. *Exponit* a le sens d'*ostendit.*

5. *Perit stulto.* Le seul avantage qu'offrait la solitude est perdu pour l'insensé.

magno animo quædam verba projeceris, quanti roboris
plena : gratulatus sum protinus mihi, et dixi : « Non a sum-
mis labris ista venerunt : habent hæ voces fundamentum :
iste homo non est unus e populo : ad salutem spectat. »

4. Sic loquere, sic vive : vide ne te ulla res deprimat.
Votorum tuorum veterum [1] licet diis gratiam facias : alia
de integro suscipe : roga bonam mentem, bonam valetudinem animi, deinde corporis. Quidni tu ista vota sæpe facias ?
audacter Deum roga ; nihil illum de alieno [2] rogaturus es. Sed
ut more meo cum aliquo munusculo epistolam mittam, verum
est, quod apud Athenodorum [3] inveni :

5. « Tunc scito esse te omnibus cupiditatibus solutum,
cum eo perveneris, ut nihil Deum roges, nisi quod rogare
possis palam [4]. » Nunc enim quanta dementia est hominum !
turpissima vota diis insusurrant : si quis admoverit aurem,
conticescent, et quod scire hominem nolunt, Deo narrant.
Vide ergo ne hoc præcipi salubriter [5] possit : « Sic vive cum
hominibus, tanquam Deus videat : sic loquere cum Deo, tanquam homines audiant. » Vale.

1. *Votorum tuorum veterum,* etc. Tiens la divinité quitte de tes
vœux d'autrefois, fais-en d'autres entièrement nouveaux.
2. *De alieno,* etc. Tu ne lui demanderas rien de ce qui appartient
à autrui.
3. *Athenodorum.* Athénodore était un Stoïcien, ami de Caton
d'Utique.
4. *Quod rogare possis palam.* Ce précepte était en faveur chez les
Pythagoriciens, qui voulaient qu'on priât Dieu à haute voix : μετὰ φωνῆς
εὔχεσθαι κελεύουσι.
5. *Salubriter.* Fais en sorte que pour préserver ton âme on n'ait pas
à te rappeler ce précepte.

EPISTOLA XI

La sagesse corrige la nature, mais pas au point d'effacer ses imperfections. On n'est point toujours maître de sa physionomie, on rougit souvent malgré soi, et cela n'est point l'effet nécessaire d'un naturel timide. La seconde partie de la lettre ne se rattache pas à la
première. Sénèque recommande à Lucilius de choisir un homme
vertueux, de le supposer spectateur de ses actes, et d'agir comme
s'il l'avait toujours pour témoin.

Seneca Lucilio suo salutem.

1. Locutus est mecum amicus tuus, bonæ indolis : in
quo quantum esset animi, quantum ingenii, quantum jam
etiam profectus [1], sermo primus ostendit. Dedit enim nobis
gustum [2] ad quem respondebit; non enim ex præparato locutus est, sed subito deprehensus : ubi se colligebat [3], verecundiam [4], bonum in adolescente signum vix potuit excu-

1. *Quantum ingenii, quantum jam etiam profectus. Ingenium* est
pris dans le sens étymologique. Le terme *génie* tel qu'on l'employait
au XVIIᵉ siècle a le même sens. *Ingenium* signifie le caractère, non le
caractère qu'on se donne, mais celui qu'on reçoit de la nature. M. Baillard traduit « l'étendue de son esprit ». C'est là un contre-sens.

2. *Gustum.* Avant-goût.

3. *Ubi se colligebat.* Dès qu'il se concentrait. — On remarquera l'expression *colligere* qui fait image et dont le choix est d'ailleurs très
conforme à l'esprit du Stoïcisme. Dans l'école stoïcienne l'être du monde
est un. Cet être unique, source de raison hors de nous et en nous,
est un principe d'effort, de cohésion, de tension. L'homme qui se
gouverne maintient l'ordre et la beauté dans son âme en empêchant,
si j'ose dire, que ses parties ne se dispersent, en les concentrant
(*colligere*) pour en faire « un tout sympathique ».

4. *Verecundia* signifie à proprement parler l'embarras qui naît du
respect. La présence d'une personne plus avancée que nous en sagesse
et en âge nous fait faire un retour sur nous-mêmes et accroît la cons-

tere : adeo illi ex alto [1] suffusus est rubor. Hic illum, quantum suspicor, etiam cum se confirmaverit, et omnibus vitiis exuerit, sapientem quoque sequetur.

2. Nulla enim sapientia naturalia corporis aut animi vitia ponuntur : quiquid infixum et ingenitum est [2] lenitur arte, non vincitur. Quibusdam etiam constantissimis in conspectu populi sudor erumpit, non aliter quam fatigatis et æstuantibus solet : quibusdam tremunt genua dicturis; quorumdam dentes colliduntur, lingua titubat, labra concurrunt [3]. Hæc nec disciplina, nec usus unquam excutit : sed natura vim suam exercet et illos vitio sui etiam robustissimos admonet.

3. Inter hæc esse et ruborem scio, qui gravissimis quoque viris subitus affunditur. Magis quidem in juvenibus

cience de nos imperfections. Quand ce phénomène psychologique se produit avec intensité, le rouge monte au visage. Rougir est presque toujours ou un symptôme de défiance envers soi-même, ou un aveu d'infériorité physique ou morale. Parfois il arrive à un enfant d'exécuter avec succès une chose difficile : il rougit, cependant. Pourquoi? Parce qu'au moment d'entreprendre ce qu'on lui avait commandé il n'était pas sûr de lui. On rougit encore quand on est pris en faute, non parce qu'on est surpris, mais parce qu'on est contraint de révéler à autrui un vice ou une imperfection qu'on désirait cacher.

1. *Ex alto.* D'une source profonde, du fond même de l'âme.
2. *Quidquid infixum et ingenitum,* etc... La psychologie contemporaine donnerait tort à Sénèque. Le naturel revient au galop quand on le chasse... au galop. Si on y met le temps, si l'on procède avec méthode, il en va tout autrement. Aux idées exprimées par Sénèque on pourrait opposer le vers célèbre de Racine :

Ont su se faire un front qui ne rougit jamais.

Ici, la psychologie du poète est plus exacte que celle du philosophe. Qu'il y ait dans chaque individu des instincts invincibles, on ne peut en douter, mais pour les affirmer tels, il faut avoir tenté de les vaincre, et si l'on a sérieusement tenté de les combattre, il est presque impossible qu'on n'en ait rien obtenu. L'empire de l'habitude a dans l'individu des limites variables et qui peuvent reculer indéfiniment.
3. *Labra concurrunt.* Les lèvres sont collées l'une à l'autre.

apparet, quibus et plus caloris est, et tenera frons[1]. Nihilominus veteranos et senes tangit. Quidam nunquam magis,
quam cum erubuerint, timendi sunt, quasi omnem verecundiam effuderint. Sylla tunc erat violentissimus, cum
faciem ejus sanguis invaserat. Nihil erat mollius ore Pompeii : nunquam non coram pluribus erubuit utique in con-
cionibus. Fabianum, cum in senatum testis esset inductus,
erubuisse memini : et hic illum mire pudor decuit. Non
accidit hoc ab infirmitate mentis, sed a novitate rei, quæ
inexercitatos, etsi non concutit, movet, naturali in hoc faci-
litate corporis pronos : nam ut quidam boni sanguinis sunt,
ita quidam incitati et mobilis, et cito in os prodeuntis.

4. Hæc, ut dixi, nulla sapientia abigit : alioquin haberet
rerum naturam sub imperio, si omnia eraderet vitia. Quæ-
cumque attribuit conditio nascendi, et corporis temperatura,
cum multum se diuque animus composuerit, hærebunt.
Nihil horum vitari potest, non magis quam accersi.

5. Artifices scenici, qui imitantur affectus, qui metum et
trepidationem exprimunt, qui tristitiam repræsentant, hoc
indicio imitantur verecundiam : dejiciunt enim vultum, verba
submittunt [2], figunt in terram oculos et deprimunt [3]. Ruborem sibi exprimere non possunt : nec prohibetur hic, nec
adducitur. Nihil adversus hæc sapientia promittit, nihil pro-
ficit : sui juris sunt [4], injussa veniunt, injussa discedunt.

6. Jam clausulam epistola poscit : accipe, et quidem
utilem et salutarem, quam te affigere animo volo. Aliquis vir
bonus nobis eligendus est ac semper ante oculos habendus,
ut sic tanquam illo spectante vivamus, et omnia tanquam
illo vidente faciamus. Hoc, mi Lucili, Epicurus præcepit :
custodem nobis et pædagogum dedit : nec immerito. Magna

---

1. *Quibus et plus coloris est et tenera frons.* Chez lesquels le sang
a plus de chaleur et le front plus de transparence.
2. *Verba submittunt.* Ils baissent la voix.
3 *Et deprimunt.* Littéralement : et laissent retomber leurs paupières.
4. *Sui juris esse.* Dépendre de soi-même.

pars peccatorum tollitur, si peccaturis [1] testis assistit. Aliquem habeat animus, quem vereatur, cujus auctoritate etiam secretum suum [2] sanctius faciat. O felicem illum [3], qui non adspectus tantum, sed etiam cogitatus emendat!

7. O felicem qui sic aliquem vereri potest, ut ad memoriam quoque ejus se componat atque ordinet [4]! Qui sic aliquem vereri potest, cito erit verendus. Elige itaque Catonem : si hic videtur tibi nimis rigidus, elige remissioris animi virum Lælium [5] : elige eum, cujus tibi placuit et vita et oratio, et ipse animum ante se ferens vultus : illum semper tibi ostende, vel custodem, vel exemplum. Opus est, inquam, aliquo, ad quem mores nostri se ipsi exigant. Nisi ad regulam [6], prava non corriges. Vale.

1. *Si peccaturis*, etc. Si, au moment de commettre une faute, nous avons un témoin près de nous.

2. *Secretum suum.* Il faut entendre par ce mot, ce qu'il y a en nous de plus intérieur, de plus caché aux regards d'autrui. La présence d'un témoin nous empêche d'agir mal. Cela ne suffit point. L'homme que nous choisissons pour nous assister doit étendre son influence sur notre âme tout entière et par là même modifier nos intentions, les rendre plus conformes à ce que la raison exige : « *secretum nostrum sanctius faciat.* »

3. *Felicem illum*, etc... Heureux celui dont la présence, bien plus, dont le souvenir suffit à nous corriger !

4. *Se componat atque ordinet.* On a déjà rencontré ces expressions; elles sont non pas seulement de la langue de Sénèque, mais du vocabulaire stoïcien.

5. *Lælium.* Cet ami de Scipion est célèbre pour la place que lui fait tenir Cicéron dans son traité *De l'Amitié*. Ce dialogue a pour titre : *Lælius.*

6. *Nisi ad regulam*, etc... A moins de te corriger selon la règle tu garderas tes défauts. — Dans la lettre XXV, Sénèque reprendra le sujet de la lettre XII : « Agis en tout comme si Épicure te regardait. Il est » utile sans doute de se choisir un guide et de se l'imposer, vers lequel » on puisse se retourner quand on cherche un exemple, qu'on imagine » être le confident de toutes ses pensées. Voici qui est plus admirable : » c'est de vivre comme sous les yeux d'un homme de bien. Pour moi » je me contente de te dire : Quoique tu fasses, fais-le comme si quel- » qu'un te regardait. » Jusqu'ici Sénèque recommence la lettre XII : » il va maintenant compléter sa pensée : « Quand tu auras fait assez de » progrès pour te révérer toi-même, tu pourras donner congé à ton

EPISTOLA XII

Sénèque vieillit : il s'en aperçoit. Loin de s'en plaindre il s'estime
heureux d'avoir vu sa vieillesse lui apparaître. La vieillesse est féconde en plaisirs pourvu qu'on sache en user : rien n'est plus agréable
que de se sentir délivré du joug des passions. La mort, il est vrai,
semble se rapprocher de nous : mais ce n'est là qu'une illusion : la
mort ne nous appelle point par rang d'âge : les jeunes aussi bien
que les vieux sont exposés à ses menaces.

Seneca Lucilio suo salutem.

1. Quocunque me verti, argumenta senectutis meæ
video. Veneram in suburbanum meum [1], et querebar [2] de
impensis ædificii dilabentis : ait villicus, non esse negli-
tiæ suæ vitium: omnia se facere, sed villam veterem esse.
Hæc villa inter manus meas crevit. Quid mihi futurum est,
si jam putrida sunt ætatis meæ saxa? Iratus illi, proximam
occasionem stomachandi arripio. Apparet, inquam, has pla-
tanos negligi : nullas habent frondes : quam nodosi sunt, et
retorridi rami ! quam tristes et squalidi trunci !

2. Hoc non accideret, si quis has circumfoderet, si irri-
garet. Jurat per genium [3] meum, se omnia facere; in nulla

» éducateur (pædagogum) : jusque-là reste sous la garde et sous la
» direction d'un sage, Caton, Scipion, Lælius, par exemple, ou tout
» autre dont l'intervention arrêterait les désordres même des gens
» perdus de vices : mais emploie ce temps à réaliser en toi le modèle de
» celui dont la présence l'empêcherait de mal faire. »
  1. *Suburbanum.* Campagne située près de la ville.
  2. *Querebar,* etc... Je me plaignais des dépenses entraînées par le
délabrement de la maison.
  3. *Per genium meum.* Dans l'épître CX nous lisons : « Oublie un

re cessare curam suam : sed illas vetulas esse. Quod inter nos sit [1], ego illas posueram, ego illarum primum videram folium. Conversus ad januam : Quis est, inquam, iste decrepitus, et merito ad ostium admotus [2]? foras enim spectat. Unde istunc nactus es ? quid te delectavit, alienum mortuum tollere ?

3. At ille : « Non cognoscis me ? inquit : ego sum Felicio, cui solebas sigillaria [3] afferre : ego sum Philositi villici filius, deliciolum tuum. » « Perfecte, inquam, iste delirat. Pupulus etiam deliciolum meum factus est. Prorsus potest fieri : dentes illi cum maxime cadunt [4]. » Debeo hoc suburbano meo, quod mihi senectus mea, quocunque adverteram, apparuit. Complectamur illam, et amemus : plena est voluptatis, si illa scias uti.

4. Gratissima sunt poma, cum fugiunt : pueritiæ maximus in exitu decor est : deditos vino potatio extrema delectat, illa, quæ mergit, quæ ebrietati summam manum imponit. Quod in se jucundissimum hominis voluptas habet, in finem sui differt. Jucundissima est ætas devexa [5] jam, non

---

» moment cette croyance que certains partagent : ils prétendent que
» chacun de nous a pour guide un Dieu..... Toutefois ne repousse pas
» cette croyance sans te souvenir que nos ancêtres, de qui nous la te-
» nons, furent des stoïciens : à chaque homme ils ont donné son Génie,
» à la femme sa Junon. Nous verrons plus tard si les Dieux ont assez de
» loisir pour veiller aux affaires des particuliers. »

1. *Quod inter nos sit.* C'est la locution française : *entre nous.*

2. *Et merito ad ostium admotus? foras enim spectat.* Et qui est on ne peut mieux placé près du seuil de ma porte, car il est bien près de le franchir pour toujours. --- Ici nous paraphrasons au lieu de traduire. La locution : *foras spectare* s'appliquait aux cadavres que l'on déposait avant les funérailles sur le seuil de la porte, le visage et les pieds tournés vers le dehors : *foras spectantia.* La comparaison de l'arbre au cadavre se continue : *quid te delectavit alienum mortuum tollere?*

3. *Sigillaria.* Ce mot désigne les présents qu'au dernier jour des saturnales les maîtres avaient coutume d'envoyer à leurs esclaves.

4. *Dentes illi cum maxime cadunt.* Ses dents tombent comme s'il n'avait encore que cinq ou six ans.

5. *Devexa :* qui incline vers la tombe. *Non tamen præceps :* sans être pourtant aux bords du tombeau.

tamen præceps; et illam quoque in extrema regula stantem [1],
judico habere suas voluptates : aut hoc ipsum succedit in
locum voluptatum, nullis egere.

5. Quam dulce est, cupiditates fatigasse [2] ac reliquisse!
« Molestum est, inquis, mortem ante oculos habere. » —
Primum, ista tam juveni ante oculos debet esse, quam seni;
non enim citamur ex censu [3] : deinde nemo tam senex est,
ut improbe [4] unum diem speret. Unus autem dies [5] gradus
vitæ est. Tota ætas partibus constat, et orbes habet circum-
ductos majores minoribus.

6. Est aliquis [6], qui omnes complectatur et cingat : hic
pertinet a natali ad diem extremum : est alter, qui annos
adolescentiæ excludit [7] : est qui totam pueritiam ambitu suo
adstringit : est deinde per se annus [8], in se omnia continens
tempora, quorum multiplicatione vita componitur. Mensis
arctiore præcingitur circulo : angustissimum habet dies
gyrum : sed et hic ab initio ad exitum venit, ab ortu ad

1. *In extrema regula stantem.* Horace a dit à peu près dans les
mêmes termes : « Mors ultima linea rerum est. » (Épître I, 16.)
2. *Cupiditates fatigasse.* Tout ce qui est du genre désir est l'adversaire irréconciliable du sage. Les Stoïciens s'expriment souvent
comme s'ils personnifiaient les passions, ou les « objectivaient ». En
leur refusant son assentiment le sage leur ôte tout désir de tenter
un nouvel assaut; par son obstination à ne leur point céder il les fa-
tigue et les décourage.
3. *Non enim citamur ex censu.* Nous ne sommes pas appelés selon
notre ordre d'inscription sur les registres des censeurs.
4. *Improbe.* A tort, de façon à être désapprouvé. La même pensée
se rencontre dans Cicéron : « Nemo est tam senex, qui se annum non
» putet posse vivere. »
5. *Unus autem dies,* etc. Un seul jour, malgré sa durée courte, n'en
est pas moins un degré de la vie.
6. *Aliquis.* Sous-entendez : *orbis.*
7. *Excludit.* Laisse en dehors.
8. *Est deinde per se annus.* Chacun des cercles intérieurs embrasse
un grand nombre d'années. Mais chaque année, en elle-même, déjà
comparable à un grand cercle, ne nous fournit-elle pas l'occasion de
continuer la comparaison? Elle a ses mois, ses jours, ses heures : diviser
le temps, c'est diviser la vie.

occasum. Ideo Heraclitus [1], cui cognomen fecit orationis obscuritas [2] : « Unus, inquit, dies par omni est [3]. »

7. Hoc alius aliter excepit : dixit enim parem esse horis : nec mentitur. Nam si dies tempus est viginti quatuor horarum, necesse est omnes inter se dies pares esse : quia nox habet quod dies perdidit. Alius ait, parem esse unum diem omnibus similitudine : nihil enim habet [4] longissimi temporis spatium, quod non et in uno die invenias, lucem et noctem, et in alternas mundi vices plura facit ista [5], non

1. *Heraclitus.* Il est impossible dans une note de résumer la doctrine d'Héraclite. Rappelons seulement que les Stoïciens le révéraient comme un maître, qu'ils lui ont emprunté sa *physique* et aussi les bases physiques ou plutôt métaphysiques de leur morale. Pour le maître comme pour les disciples l'être est un : il a une essence immuable, matérielle : il est de la nature du feu. Ce feu est pénétré d'intelligence et de raison. Une seule et même raison gouverne le monde et en pénètre toutes les parties; aussi la raison de l'homme et la raison de Dieu sont consubstantielles. Suivre la raison c'est donc obéir à Jupiter. Cette conséquence n'a pas échappé au génie d'Héraclite.

2. *Cui cognomen fecit orationis obscuritas.* Dans l'antiquité on joignait au nom d'Héraclite l'épithète de σκοτεινός; on disait « Héraclite l'obscur » aussi couramment qu'« Héraclite d'Éphèse ». Diogène de Laërte dans le chapitre consacré à Socrate écrit : « On dit qu'Euripide » ayant donné à lire à Socrate un ouvrage d'Héraclite, lui demanda ce » qu'il en pensait. Ce que j'en ai compris, répondit Socrate, est fort » beau, et je ne doute pas que le reste que je n'ai pu concevoir ne soit » de la même force; mais pour l'entendre il faudrait être nageur de » Délos. » Diogène se fait l'écho d'une tradition selon laquelle Héraclite aurait déposé son ouvrage dans le temple de Diane, l'aurait écrit exprès d'une manière obscure, « afin qu'il ne fût entendu que par ceux qui en pourraient profiter et qu'il ne lui arrivât pas d'être exposé au mépris du vulgaire ». Les fragments qui nous restent d'Héraclite sont loin d'offrir à l'interprète un sens précis : mais il en reste trop peu pour qu'on se rende un compte exact et du degré et de la nature de son *obscurité.*

3. *Unus dies par omni est.* Sénèque nous donne la traduction d'un fragment dont le texte grec est perdu. Il importerait de savoir le terme grec traduit par le mot latin *par.* Cela permettrait peut-être de choisir entre les interprétations proposées.

4. *Nihil enim habet,* etc... Considérez la durée la plus longue, vous y trouverez du jour et de la nuit, comme dans une durée de vingt-quatre heures.

5. *Et in alternas mundi vices plura facit ista,* etc... — *Ista,* c'est-

alia, alias contractior, alias productior. Itaque sic ordinandus est dies omnis, tanquam cogat agmen [1], et consumet atque expleat vitam.

8. Pacuvius [2] qui Syriam usu suam fecit, cum vino et illis funereis epulis sibi parentaverat [3], sic in cubiculum ferebatur a cœna, ut inter plausus exoletorum hoc ad symphoniam caneretur : βεβίωται, βεβίωται. Nullo non se die extulit [4]. Hoc quod ille ex mala conscientia [5] faciebat, nos ex bona faciamus, et in somnum ituri læti hilaresque dicamus :

Vixi : et, quem dederat cursum fortuna, peregi [6].

Crastinum si adjecerit Deus, læti recipiamus.
9. Ille beatissimus est et securus sui possessor, qui cras-

à-dire la nuit et le jour dont la durée relative est variable mais dont l'alternance est perpétuelle. *In* est construit avec l'accusatif et a le sens de : *en vue de.* On expliquera comme si Sénèque avait écrit : *ut alternæ sint mundi vices.*

1. *Tanquam cogat agmen.* Comme s'il poussait en avant le troupeau. Ce troupeau représente nos jours et celui qui nous pousse est notre jour suprême.

2. *Pacuvius.* Il est question de ce Pacuvius dans Tacite au livre II des *Annales.* Pacuvius aurait conspiré avec Pison contre Germanicus et aurait, plus tard, exercé en Syrie les fonctions de propréteur. Il y serait resté longtemps. Tibère l'y laissa vieillir et la Syrie lui devint comme une seconde patrie : *Syriam usu suam fecit.*

3. *Sibi parentaverat.* Avait fait une cérémonie funèbre en son honneur.

4. *Nullo non se die extulit.* Il n'est pas de jour où il n'ait célébré ses propres funérailles. *Effero* s'emploie dans le sens d'emporter un mort de sa maison au lieu de la sépulture. C'est le sens même qu'il convient d'attacher à *extulit.*

5. *Ex mala conscientia.* Sous l'inspiration d'une conscience dépravée.

6. *Vixi... etc.* Paroles mises par Virgile dans la bouche de Didon au moment où elle va se donner la mort (*En.,* IV, 653). Ce vers fut prononcé, nous dit Sénèque (*De Vita Beata,* ch. XIX), par un certain Diodore, philosophe de la secte d'Épicure, au moment de se couper la gorge. On l'accusa d'avoir fait preuve de folie ou de témérité. Sénèque assure qu'il mourut heureux et sans remords : « Ille interim beatus, ac plenus bona conscientia, etc... »

tinum sine sollicitudine exspectat. Quisquis dixit: «Vixi,»
quotidie ad lucrum surgit [1]. Sed jam debeo epistolam inclu-
dere. «Sic, inquis, sine ullo ad me peculio veniet?» Noli
timere : aliquid secum feret : quare « aliquid » dixi? multum.
Quid enim hac voce præclarius, quam illi trado ad te perfe-
randam?

10. « Malum est in necessitate vivere [2]; sed in necessitate
vivere necessitas nulla est. » Quidni nulla sit? Patent undique ad libertatem viæ multæ, breves, faciles. Agamus Deo
gratias, quod nemo in vita teneri [3] potest : calcare ipsas ne-
cessitates licet. « Epicurus, inquis, dixit; quid tibi cum
alieno [4]? » Quod verum est, meum est : perseverabo Epicurum [5] tibi ingerere, ut isti qui in verba jurant, nec quid
dicatur æstimant, sed a quo, sciant, quæ optima sunt, esse
communia. Vale [6].

1. *Quotidie ad lucrum surgit.* Se lève chaque jour pour recueillir un
gain.

2 *Malum est in necessitate vivere,* etc... Les Stoïciens croyaient au
déterminisme : ils admettaient néanmoins ou plutôt ils inclinaient à
admettre la liberté de l'assentiment. Si l'on accepte de plein gré la nécessité, on échappe par cela même à son joug.

3. *In vita teneri.* Être retenu dans la vie.

4. *Quid tibi cum alieno.* Qu'as-tu de commun avec un étranger et
par conséquent : « Pourquoi me paies-tu avec ce qui ne t'appartient
pas ? »

5. *Perseverabo Epicurum...* etc... Nous lisons dans le *De Vita Beata*
(ch. III) « Je ne m'attache pas à un maître choisi parmi les grands
« Stoïciens : je réserve mon droit de juger » et par conséquent d'em-
prunter aux représentants des autres sectes ce qui me semble digne
d'être retenu. Dans presque tous ses livres Sénèque cite Épicure. Il a
d'ailleurs grand soin de distinguer les « préceptes d'Épicure » des
« principes » de la morale épicurienne.

6. Le sujet de cette lettre est de ceux sur lesquels notre philosophe
reviendra, notamment dans les lettres XV et XXVI. Nous renvoyons le
lecteur à la quinzième lettre. Voici les passages importants de la lettre
XXVI : « Mets-moi au nombre des décrépits et de ceux qui touchent
» au terme de leur carrière, qu'importe! Je me rends grâce : je ne
» sens point que mon âme ait subi les injures de la vieillesse. Il n'y a
» que les vices et leurs organes qui chez moi aient vieilli. Mon âme
» est pleine de vigueur et elle se réjouit de n'avoir plus rien à démê-

EPISTOLA XIII

Lucilius est courageux. Il a prouvé déjà sa force d'âme. La vie, pourtant, peut lui réserver d'autres épreuves, et il aura peut-être besoin qu'on lui offre de nouveaux moyens de résistance. On a beau avoir mesuré ses forces on n'est jamais sûr d'être toujours invulnérable. Et puis l'avenir est incertain. Les infortunes qu'il nous ménage surpasseront-elles celles qui nous ont déjà atteints? Sénèque estime qu'il faut se tenir en garde contre les craintes d'un mal à venir. Elles sont souvent exagérées, prématurées, chimériques. Tout ce que nous jugeons possible ne se réalisera point nécessairement. La fortune, même la mauvaise, est inconstante : il nous est donc interdit de juger de notre avenir par notre passé. Malheureux jusqu'à ce jour, demain nous pouvons cesser de l'être : heureux jusqu'à ce moment nous pouvons avoir encore et pendant longtemps à nous louer de la fortune.

Seneca Lucilio suo salutem.

1. Multum tibi esse animi[1] scio : nam etiam antequam instrueres te præceptis salutaribus et dura vincentibus, satis adversus fortunam placebas tibi[2] : et multo magis, postquam cum illa manum conseruisti, viresque expertus

» ler avec le corps. Elle est débarrassée d'une grande partie de son
» fardeau..... Pour moi, comme si je voyais venir le jour de l'épreuve,
» celui qui doit juger toutes les années de ma vie, je m'observe et me
» tiens ce langage : « Il n'y a rien ni dans mes actes ni dans mes paroles
» qui ait montré quelque valeur morale : je n'ai donné de l'état de mon
» âme que des témoignages, légers et trompeurs; les progrès que j'ai
» pu faire la mort me les certifiera... Voilà ce que je me dis. Suppose
» que je te tienne ce langage. — Mais je suis plus jeune ! — Peu im-
» porte! La mort n'attend pas le nombre des années. »
　1. *Multum animi.* Beaucoup de force d'âme.
　2. *Satis... placebas tibi.* Tu étais assez satisfait de ton attitude envers la fortune.

es tuas : quæ nunquam certam dare fiduciam sui possunt,
nisi cum multæ difficultates hinc et illinc apparuerint,
aliquando vero [1] et propius accesserint. Sic verus ille animus et in alienum non venturus arbitrium [2] probatur [3] : hæc
ejus obrussa [4] est.

2. Non potest athleta magnos spiritus ad certamen
afferre, qui nunquam suggillatus est [5]. Ille qui vidit sanguinem suum, cujus dentes crepuerunt sub pugno [6], ille qui
supplantatus adversarium toto tulit corpore [7], nec projecit
animum projectus [8], qui quoties cecidit, contumacior resur-
rexit, cum magna spe descendit ad pugnam.

3. Ergo, ut similitudinem istam prosequar, sæpe jam
fortuna supra te fuit : nec tamen tradidisti te, sed subsi-
luisti, et acrior constitisti; multum enim adjicit sibi virtus
lacessita. Tamen si tibi videtur, accipe a me auxilia, quibus
munire te possis. Plura sunt, Lucili, quæ nos terrent, quam
quæ premunt [9], et sæpius opinione, quam re laboramus.

1. *Aliquando vero.* Et même quelquefois.
2. *In alienum venturus arbitrium.* Destiné à subir un joug étranger.
3. *Probatur.* Se reconnaît,
4. *Obrussa.* Pierre de touche.
5. *Qui nunquam suggillatus est.* Qui n'a jamais été meurtri.
6. *Cujus dentes crepuere sub pugno.* Dont les dents ont craqué sous
le poing de l'adversaire.
7. *Qui supplantatus adversarium toto tulit corpore,* etc. Qui, ren-
versé, a supporté de tout son corps l'adversaire, c'est-à-dire : a su
résister du poids de tout son corps à l'adversaire étendu sur lui.
. 8. *Nec projecit animum projectus.* Et qui, abattu, n'a pas laissé
son âme s'abattre.
9. *Plura sunt quæ nos terrent quam quæ nos premunt,* etc. «Le nombre des choses qui nous font trembler est supérieur à celui des maux
qui nous accablent et nos souffrances naissent plus souvent de l'opinion
que de la réalité.» L'homme souffre parce qu'il juge mal ou qu'il sait
mal. En rangeant la douleur au nombre des vrais maux il commet une
erreur grave et dont il est la première victime. Les Stoïciens avaient-ils
remarqué l'influence de la distraction sur la douleur? On serait parfois
tenté de le croire. Une douleur dont on se distrait, dont on ne s'occupe
pas, équivaut à une douleur à laquelle on refuse son assentiment. Le résultat est connu : on pense moins à son mal, on l'éprouve avec moins

Non loquor tecum stoica lingua[1], sed hac submissiore. Nos enim dicimus, omnia ista quæ gemitus mugitusque exprimunt, levia esse, et contemnenda.

4. Omittamus hæc magna verba, sed, dii boni, vera. Illud tibi præcipio, ne sis miser ante tempus, cum illa, quæ velut imminentia expavisti, fortasse nunquam ventura sint, certe nondum venerint. Quædam ergo nos magis torquent, quam debeant : quædam ante torquent, quam debeant : quædam torquent, cum omnino non debeant. Aut augemus dolorem, aut fingimus, aut præcipimus[2].

5. Primum illud[3], quia res in controversia est et litem contestatam habemus, in præsentia differatur. Quod ego leve dixero, tu gravissimum esse contendes ; scio alios inter flagella ridere, alios gemere sub colapho. Postea videbimus, utrum ista suis viribus valeant, an imbecillitate nostra.

6. Illud præsta mihi[4], ut quoties circumsteterint, qui tibi te miserum esse persuadeant, non quid audias, sed quid sentias, cogites, et cum patientia[5] tua deliberes, ac te ipse interroges, qui tua optime[6] nosti : « Quid est quare isti me complorent ? quid est quod trepident, quod contagium quo-

---

d'intensité ; parfois même on l'oublie au point de ne le plus ressentir. Enregistrez les résultats de cette observation psychologique élémentaire, exagérez-les et vous aboutirez à la thèse même du Stoïcisme : la douleur naît d'une opinion fausse.

1. *Non loquor tecum stoica lingua.* En effet le philosophe stoïcien n'éprouve aucune crainte et ne donne son assentiment à aucune douleur.

2. *Præcipimus.* Nous devançons.

3. *Primum illud*, etc. Le premier point, à savoir, que la douleur nous torture plus qu'elle ne devrait est vraisemblablement contesté par Lucilius. Sénèque ne le touchera point. Le moment n'est pas encore venu. Avant d'accoutumer Lucilius à ne point donner son assentiment aux maux de l'heure présente, il est d'une sage méthode de l'affranchir tout d'abord de la crainte des maux futurs et des maux imaginaires.

4. *Præsta mihi.* Prends vis-à-vis de moi l'engagement.

5. *Patientia.* Capacité de souffrir.

6. *Optime.* Mieux que personne.

que mei timeant, quasi transilire calamitas possit? Est aliquid istic mali? an res ista magis infamis est quam mala? »
Ipse te interroga : « Numquid sine causa crucior, et mœreo,
et quod non est malum facio [1]?» — «Quomodo inquis, intelligam, vana sint, an vera, quibus angor?»

7. Accipe hujus rei regulam. Aut præsentibus torquemur, aut futuris, aut utrisque. De præsentibus facile judicium est : si corpus tuum liberum est, sanum est, nec
ullus ex injuria dolor est. Videbimus quid futurum sit. Hodie
nihil negotii habet[2]. At enim futurum est. Primum dispice[3]
an certa argumenta sint venturi mali : plerumque enim suspicionibus laboramus, et illudit nobis illa, quæ conficere
bellum solet[4], fama : multo autem magis singulos conficit.

8. Ita est, mi Lucili : cito accedimus opinioni. Non
coarguimus illa[5], quæ nos in metum adducunt, nec excutimus, sed trepidamus : et sic vertimus terga, quemadmodum
illi, quos pulvis motus fuga pecorum[6] exuit castris, aut
quos aliqua fabula sine auctore sparsa[7] conterruit. Nescio
quomodo[8] magis vana perturbant : vera enim modum suum

1. *Et quod non est malum facio?* Et ne fais-je point (par un travail
de mon imagination ou par l'effet de ma crédulité) un mal de ce qui
n'en est pas un ?

2. *Hodie nihil negotii habet. Hodie* s'expliquera comme s'il y avait :
Hodierna dies.

3. *Dispice.* Examine et distingue.

4. *Quæ conficere bellum solet.* Il y a là un souvenir de Tite-Live
(XXVII 47) : « Fama bellum conficit et parva momenta in spem me-
» tumve animos impellunt. »

5. *Non coarguimus illa.* Nous ne cherchons pas à convaincre d'inanité
les prétendues causes de nos craintes.

6. *Pulvis motus fuga pecorum.* La poussière mise en mouvement
par la fuite de troupeaux.

7. *Fabula sine auctore...* Un bruit dont l'exactitude ne peut être
garantie par personne.

8. *Nescio quomodo,* etc. Les hommes d'imagination s'effraient du possible plus encore que du réel. Pourquoi? 1° parce que la *vivacité* de
l'imagination confère une presque réalité aux objets qu'elle enfante;
2° parce que sa *fécondité* étend et exagère démesurément le champ
du possible.

habent : quidquid ex incerto venit, conjecturæ et licentiæ paventis animi traditur.

9. Nulli itaque tam perniciosi, tam irrevocabiles, quam lymphatici[1] metus sunt : cœteri enim sine ratione, hi sine mente sunt. Inquiramus itaque in rem diligenter. Verisimile est aliquid futurum mali? non statim verum est[2]. Quam multa non exspectata venerunt! Quam multa exspectata nusquam comparuerunt! Etiam si futurum est, quid juvat dolori suo occurrere? Satis cito dolebis, cum venerit : interim tibi meliora promitte. Quid facies lucri? tempus.

10. Multa intervenient, quibus vicinum periculum vel prope admotum aut subsistat, aut desinat, aut in alienum caput transeat. Incendium ad fugam patuit[3] : quosdam molliter ruina deposuit[4] : aliquando gladius ab ipsa cervice revocatus est : aliquis carnifici suo superstes fuit. Habet etiam mala fortuna levitatem : fortasse erit, fortasse non erit : interim dum non est, meliora propone[5].

11. Nonnunquam nullis apparentibus signis, quæ mali aliquid pronuntient, animus sibi falsas imagines fingit, aut verbum aliquod dubiæ significationis detorquet in pejus, aut majorem sibi offensam proponit alicujus, quam est, et cogitat[6] non quam iratus ille sit, sed quantum liceat irato.

---

1. *Lymphatici metus.* Traduisez : terreurs paniques, parce que ceux qui l'éprouvent sont ordinairement en proie à une sorte de délire.

2. *Non statim verum est.* Ce qui est vraisemblable, une fois reconnu tel, doit rester vraisemblable et ne pas tout d'un coup se laisser, par un artifice d'imagination, métamorphoser en vrai.

3. *Incendium ad fugam patuit.* Allusion à des captifs qui durent leur salut à l'incendie de la prison.

4. *Quosdam molliter ruina deposuit.* D'autres ont senti leur maison s'écrouler, ils se sont vus destinés à une mort certaine, et ils se sont trouvés pour ainsi dire déposés sur le sol sans avoir eu aucun mal.

5. *Meliora propone.* Envisage l'avenir comme s'il devait être meilleur.

6. *Et cogitat,* etc. Nous pensons non pas au degré de colère auquel est réellement monté l'offenseur, mais à celui auquel il aurait pu se laisser monter.

Nulla autem causa vitæ est[1], nullus miseriarum modus, si timetur quantum potest. Hic prudentia prosit, hic robore animi evidentem quoque metum[2] respue : si minus, vitio vitium repelle[3], spe metum tempera.

12. Nihil tam certum est ex his quæ timentur, ut non certius sit[4] et formidata subsidere et sperata decipere. Ergo spem ac metum examina, et quoties incerta erunt omnia, tibi fave; crede quod mavis : si plures habebis sententias metus[5], nihilominus in hanc partem potius inclina et perturbare te desine. Ac subinde hoc in animo volve, majorem partem mortalium, cum illi nec sit quidquam mali, nec pro certo futurum sit, æstuare[6] ac discurrere.

13. Nemo enim resistit sibi, cum cœperit impelli, nec timorem suum redigit ad verum. Nemo dicit : « vanus auctor est; aut finxit, aut credidit[7]. » Damus nos referentibus[8], ex-

1. *Nulla autem causa vitæ esset.* Nous n'aurions aucun motif de vivre.

2. *Evidentem metum.* La crainte qui naît d'un mal certain.

3. *Vitio vitium repelle*, etc. Combats un défaut par un autre défaut, tempère la crainte par l'espérance. Ce remède Sénèque le propose comme un pis-aller. L'espoir est une passion, une « affection » de l'âme : à ce titre, un vrai Stoïcien doit lutter contre elle. Il est aisé de voir combien le Stoïcisme, à lui seul, est impuissant à guérir les âmes. Il propose un idéal d'une beauté sans mélange, il ordonne de s'en approcher sans cesse, de l'atteindre même, il ne sait pas en fournir les moyens. Dans bien des endroits Sénèque est obligé de distinguer entre les recommandations qui conviennent à l'homme presque sage, et celles qu'il faut adresser à l'apprenti stoïcien. L'éclectisme de Sénèque lui est imposé par son office de directeur de conscience.

4. *Ut non certius sit*, etc. Cela est encore plus certain, à savoir qu'il arrive aux maux que nous redoutons, de s'évanouir. *Subsidere* et *decipere* expriment une possibilité.

5. *Si plures habebis sententias metus.* Si tu as plus de raisons pour craindre.

6. *Æstuare.* S'agiter.

7. *Aut finxit aut credidit.* Ou c'est un conteur ou c'est un homme crédule.

8. *Damus nos referentibus.* Nous nous livrons à la merci des faiseurs de contes.

pavescimus dubia pro certis; non servamus modum rerum ;
statim in timorem venit scrupulus[1]. Pudet me sic tecum
loqui, et tam lenibus remediis te focillare.

14. Alius dicat : « Fortasse hoc non veniet. » Tu dic : « Quid
porro, si veniet ? videbimus utrum veniet : fortasse pro me
veniet[2] » et mors ista vitam honestabit. Cicuta magnum So-
cratem confecit[3] : Catoni gladium assertorem[4] libertatis
extorque, magnam partem detraxeris gloriæ. Nimium diu
te cohortor, cum tibi admonitione magis quam exhorta-
tione opus sit. Non in diversum te a natura tua ducimus[5] :
natus es ad ista quæ dicimus.

15. Eo magis bonum tuum auge et exorna. Sed jam
finem epistolæ faciam, si illi signum suum impressero, id
est, aliquam magnificam vocem perferendam ad te manda-
vero : « Inter cœtera mala, hoc quoque habet stultitia pro-
prium : semper incipit vivere. » Considera quid vox ista
significet, Lucili, virorum optime : et intelliges quam fœda
sit hominum levitas, quotidie nova vitæ fundamenta ponen-
tium, novas spes etiam in exitu inchoantium.

16. Circumspice tecum singulos : occurrent tibi senes, qui
se cum maxime ad ambitionem, ad peregrinationes, ad ne-
gotiandum parent. Quid est autem turpius, quam senex
vivere incipiens ? Non adjicerem auctorem huic voci, nisi
esset secretior[6], nec inter vulgata Epicuri dicta, quæ mihi
et laudare[7] et adoptare permisi. Vale.

1. *Scrupulus.* Le plus petit sentiment d'inquiétude se tourne presque
aussitôt en une crainte véritable.
2. *Pro me.* Dans mon intérêt.
3. *Confecit.* A achevé, a complété la réputation.
4. *Assertorem libertatis.* Qui lui rendit sa liberté.
5. *Non in diversum te a natura tua ducimus.* Nous ne t'entraînons
pas dans une direction opposée à ta nature.
6. *Nisi esset secretior.* Si elle n'était pas aussi peu connue.
7. *Laudare* a le sens de « citer avec éloge ».

EPISTOLA XIV

Il ne faut point être esclave de son corps. On ne peut vivre sans lui, mais on ne doit point vivre pour lui. Sénèque énumère les dangers contre lesquels on a coutume de se garantir, l'indigence, la maladie, les coups de force. Ce dernier genre de périls est le plus redouté, parce que c'est celui dont l'imagination se frappe davantage. On peut l'éviter d'ailleurs en ne blessant personne, ni le peuple, ni ceux qui sont à la tête des affaires. Tenons-nous en dehors des préoccupations politiques et cherchons un refuge dans la philosophie. Imitons ces Stoïciens qui surent enseigner l'art de bien vivre sans offenser les puissants du jour.

Seneca Lucilio suo salutem.

1. Fateor insitam esse nobis corporis nostri caritatem : fateor nos hujus gerere tutelam : non nego indulgendum illi, serviendum nego. Multis enim serviet, qui corpori servit, qui pro illo nimium timet, qui ad illud omnia refert. Sic gerere nos debemus, non tanquam propter corpus vivere debeamus, sed tanquam non possimus sine corpore. Hujus nos nimius amor timoribus inquietat, sollicitudinibus onerat, contumeliis objicit.

2. Honestum ei vile est, cui corpus nimis carum est. Agatur ejus diligentissime cura : ita tamen, ut, cum exiget ratio, cum dignitas, cum fides, mittendum in ignem sit. Nihilominus, quantum possumus, evitemus incommoda quoque, non tantum pericula : et in tutum nos reducamus, excogitantes subinde quibus possint timenda depelli. Quorum tria, ni fallor, genera sunt.

3. Timetur inopia, timentur morbi, timentur quæ per vim potentioris eveniunt. Ex his omnibus nihil magis nos

concutit, quam quod ex aliena potentia impendet. Magno enim strepitu et tumultu venit. Naturalia mala quæ retuli, inopiæ atque morbi, silentio subeunt nec oculis, nec auribus quidquam terroris incutiunt : ingens alterius mali pompa[1] est; ferrum circa se habet et ignes, et catenas, et turbam ferarum, quam in viscera immittat humana.

4. Cogita hoc loco carcerem, et cruces, et equuleos[2], et uncum[3], et adactum per medium hominem, qui per os emergeret, stipitem, et distracta in diversum actis curribus membra, illam tunicam, alimentis ignium et illitam et textam[4], quidquid aliud, præter hæc, commenta sævitia est. Non est itaque mirum, si maximus hujus rei timor est, cujus et varietas magna, et apparatus terribilis est.

5. Nam quemadmodum plus agit tortor, quo plura instrumenta doloris exposuit (specie enim vincuntur, qui patientiæ restitissent[5]), ita ex his, quæ animos nostros subigunt et domant, plus proficiunt quæ habent quod ostendant. Illæ pestes non minus graves sunt, famem dico et præcordiorum suppurationes[6] et febrem viscera ipsa torrentem, sed latent; nihil habent quod intentent, quod præferant : hæc, ut magna bella[7], adspectu paratuque vicerunt. Demus itaque operam, abstineamus offensis.

6. Interdum populus est, quem timere debeamus : interdum, si ea civitatis disciplina est, ut plurima per sena

1. *Pompa*. L'appareil.
2. *Equuleos*. Les chevalets sur lesquels on étendait les coupables pour leur arracher un aveu.
3. *Uncum*. Ce croc servait à traîner jusqu'au Tibre le corps des prisonniers mis à mort.
4. *Illitam et textam*, etc. Cette tunique enduite et tissée de tout ce qui peut alimenter les flammes, et tant d'autres formes de supplices imaginées par la cruauté des hommes.
5. *Qui patientiæ restitissent*. Qui auraient résisté à la douleur.
6. *Præcordiorum suppurationes*. Les ulcères intérieurs.
7. *Ut magna bella*, comme les grandes armées.

tum transigantur, gratiosi in eo viri[1]; interdum singuli, quibus potestas populi et in populum data est. Hos omnes amicos habere operosum est : satis est inimicos non habere. Itaque sapiens nunquam potentium iras provocabit : immo declinabit, non aliter quam in navigando procellam.

7. Cum peteres Siciliam, trajecisti fretum. Temerarius gubernator contempsit austri minas (ille est enim[2], qui Siculum pelagus exasperet, et in vertices cogat) : non sinistrum[3] petit littus, sed id, quo proprior Charybdis maria convolvit. At ille cautior, peritos locorum[4] rogat, qui æstus sit[5], quæ signa dent nubes, et longe ab illa regione verticibus infami cursum tenet. Idem facit sapiens : nocituram potentiam vitat, hoc primum cavens, ne vitare videatur.

8. Pars enim securitatis et in hoc est, non ex professo eam petere[6], quia quæ quis fugit, damnat[7]. Circumspiciendum ergo nobis est, quomodo a vulgo tuti esse possimus. Primum nihil idem concupiscamus[8] : id rixa est inter competitores : deinde nihil habeamus, quod cum magno emolumento insidiantis[9] eripi possit. Quam minimum sit in corpore tuo spoliorum[10]. Nemo ad humanum sanguinem propter

1. *Gratiosi in eo viri.* Traduisez comme si la phrase se terminait par ces mots : *sunt quos timere debeamus.*

2. *Ille est enim,* etc. C'est l'Auster qui soulève les flots de la mer de Sicile et les amoncelle.

3. *Non sinistrum,* etc. Au lieu de chercher la côte à gauche, il se dirige vers celle où le voisinage de Charybde met les deux mers aux prises.

4. *Peritos locorum.* Ceux qui connaissent ces parages.

5. *Qui æstus sit.* Quel est le courant, dans quel sens il est dirigé.

6. *Non ex professo eam petere.* Ne pas faire profession de la chercher.

7. *Quæ quis fugit damnat :* « Tu me fuis, donc tu me condamnes. » Trad. Baillard.

8. *Idem... etc.* N'ayons pas les convoitises du vulgaire.

9. *Quod cum magno emolumento insidiantis eripi possit.* Littéralement : n'ayant rien qu'il y ait grand profit à nous tendre des pièges pour nous l'arracher.

10. *Quam minimum sit in corpore tuo spoliorum.* Tâche d'avoir une

ipsum venit, aut admodum pauci : plures computant[1] quam oderunt. Nudum latro transmittit[2] : etiam in obsessa via[3] pauperi pax est.

9. Tria deinde ex præceptione veteri præstanda sunt, ut vitentur : odium, invidia, contemptus. Quomodo hoc fiat, sapientia sola monstrabit. Difficile enim temperamentum est[4], verendumque, ne in contemptum nos invidiæ timor transferat, ne, dum calcare nolumus, videamur posse calcari. Multis timendi attulit causas, timeri posse. Undique nos reducamus[5] : non minus contemni quam suspici nocet.

10. Ad philosophiam ergo confugiendum est. Hæ litteræ non dico apud bonos, sed apud mediocriter malos, infularum loco sunt[6]. Nam forensis eloquentia, et quæcunque alia populum movet, adversarium habet : hæc quieta, et sui negotii[7], contemni non potest : cui ab omnibus artibus, etiam apud pessimos, honor est. Nunquam in tantum convalescet nequitia[8], nunquam sic contra virtutes conjurabitur, ut non philosophiæ nomen venerabile et sacrum maneat.

11. Cœterum philosophia ipsa tranquille modesteque tractanda est. Quid ergo? inquis : videbitur tibi M. Cato modeste philosophari, qui bellum civile sententia sua[9] re-

miso modeste — afin de réduire au minimum le nombre des choses dont on puisse te dépouiller.

1. *Plures computant quam oderunt.* Le nombre est plus grand de ceux qui calculent — avant de décider la mort d'un citoyen — que de ceux qui obéissent aveuglément à la haine.

2. *Transmittit,* laisse passer.

3. *Obsessa.* Sous-entendez : *a latronibus.*

4. *Temperamentum.* Le juste milieu.

5. *Nos reducamus.* Replions-nous sur nous-mêmes.

6. *Infularum loco sunt.* La philosophie est au rang des objets sacrés.

7. *Et sui negotii.* Toute à son affaire — car la philosophie est à elle-même son propre but.

8. *Nunquam in tantum convalescet nequitia.* Quoiqu'il arrive et en supposant que la perversité soit en honneur, la conspiration de tous les vices contre les vertus n'aboutira jamais à faire perdre au nom de philosophie ce qu'il a de vénérable et de sacré.

9. *Sententia sua,* par ses avis, sans prendre les armes.

primit? qui furentium principum armis medius intervenit?
qui aliis Pompeium offendentibus, aliis Cæsarem, simul
lacessit duos? Potest aliquis disputare, an illo tempore
capessenda fuerit sapienti respublica. Quid tibi vis, M. Cato?
jam non agitur de libertate; olim pessumdata est : quæritur
utrum Cæsar an Pompeius possideat rempublicam.

12. Quid tibi cum ista contentione? nullæ partes tuæ
sunt[1] : dominus eligitur. Quid tua[2], uter vincat? Potest melior
vincere, non potest non pejor esse qui vicerit[3]. Ultimas
partes attigi Catonis[4] : sed ne priores quidem anni fuerunt,
qui sapientem in illam rapinam reipublicæ admitterent[5].
Quid aliud quam vociferatus est Cato, et misit irritas voces,
cum modo per populi levatus manus, et obrutus sputis, et
portandus extra forum traheretur, modo e senatu in carcerem duceretur?

13. Sed postea videbimus, an sapienti opera perdenda
sit : interim ad hos te stoicos voco, qui a republica exclusi,
secesserunt ad colendam vitam, et humano generi jura condenda, sine ulla potentioris offensa. Non conturbabit sapiens
publicos mores, nec populum in se[6] vitæ novitate convertet,
Quid ergo? utique[7] erit tutus, qui hoc propositum sequetur?
Promittere tibi hoc non magis possum, quam in homine
temperante bonam valetudinem : et tamen facit temperantia
bonam valetudinem.

14. Perit aliqua navis in portu : sed tu quid accidere in

1. *Nullæ partes tuæ sunt.* Ton parti n'est nulle part.
2. *Quid tua.* Sous-entendu *refert.*
3. *Qui vicerit.* Celui qui est actuellement le meilleur peut l'emporter. Une fois vainqueur il sera infailliblement le pire des deux.
4. *Ultimas partes attigi Catonis.* Je parle des dernières années de
Caton.
5. *Qui sapientem admitterent,* etc. Qui permissent au sage de jouer
un rôle et de s'opposer au pillage de la République. Remarquez le
sens de *in* avec l'accusatif.
6. *In se,* contre lui.
7. *Utique,* en toute circonstance.

medio mari credis? Quanto huic periculum paratius [1] foret,
multa agenti, molientique, cui ne otium quidem tutum est !
Pereunt aliquando innocentes : quis negat? nocentes tamen
sæpius. Ars ei constat [2], qui per ornamenta [3] percussus est.
Denique consilium omnium rerum sapiens [4], non exitum
spectat. Initia tamen in potestate nostra sunt : de eventu
fortuna judicat, cui de me sententiam non do [5]. At aliquid
vexationis affert, aliquid adversi : non damnatur latro cum
occidit [6].

15. Nunc ad quotidianam stipem manum porrigis [7] : aurea
te stipe implebo. Et quia facta est auri mentio, accipe quemad
modum usus [8] fructusque ejus tibi esse gratior possit. « Is
maxime divitiis fruitur, qui minime divitiis indiget. » — «Ede,
inquis, auctorem.» Ut scias quam benigni simus, propositum
est aliena laudare : Epicuri est, aut Metrodori, aut alicujus
ex illa officina. Et quid interest, quis dixerit ? omnibus dixit.

16. Qui eget divitiis, timet pro illis : nemo autem sollicito
bono fruitur. Adjicere illis aliquid studet; dum de incre-
mento cogitat, oblitus est usus : rationes accipit [9], forum
conterit, kalendarium versat, fit ex domino procurator. Vale.

1. *Paratius*, plus imminent.
2. *Ars ei constat.* Littéralement : L'art reste à celui... c'est-à-dire :
il mérite encore la réputation d'un combattant habile, celui qui, etc...
3. *Per ornamenta.* À travers son armure, c'est-à-dire en combattant.
4. *Consilium rerum omnium.* En toute chose le sage fait ce que lui
conseille la prudence et ne songe point au résultat.
5. *Cui de me sententiam non do.* En ce qui me concerne, je lui
refuse toute voix au chapitre.
6. *Non damnatur latro cum occidit.* Ainsi, par exemple, ce bri-
gand a tué, il n'est pas condamné, il peut échapper à la justice. —
Sénèque laisse l'objection sans réponse. Il est aisé néanmoins de sup-
pléer à son silence : « Sans doute, mais il a commis un crime et il n'en
est pas moins exposé à la rigueur des lois. »
7. *Nunc ad quotidianam stipem manum porrigis.* Mais j'en ai
assez écrit car je te vois me tendre la main pour recevoir ta solde quo-
tidienne
8. *Accipe quemadmodum usus,* etc. Apprends quel doit être l'usage
de l'or.
9. *Rationes accipit,* etc. Il reçoit des comptes : il use le sol du

EPISTOLA XV

Cette lettre continue la précédente. Sénèque y parle des exercices corporels : il en recommande l'usage, mais il en défend l'abus. L'abus commence dès qu'on songe à exercer ses muscles, à vouloir pour ainsi dire égaler en vigueur et en poids les taureaux destinés aux sacrifices. Trop de gymnastique nuit à la santé de l'esprit, trop de nourriture émousse la pensée. Le sage ne dédaignera point les exercices physiques, mais il les choisira courts et faciles. L'essentiel est de se souvenir que l'âme doit être toujours le principal objet de nos soins. Restera-t-on sans cesse courbé sur un livre ou sur des tablettes? Non, il faut laisser à l'âme des heures de récréation : on les emploiera à lire, à causer, à discuter.

Seneca Lucilio suo salutem.

1. Mos antiquis fuit, usque ad meam servatus ætatem, primis epistolæ verbis adjicere : « Si vales, bene est : ergo valeo.» Recte et nos dicimus : «Si philopharis, bene est.» Valere enim hoc demum est[1] : sine hoc æger est animus. Corpus quoque etiam si magnas habet vires, non aliter quam furiosi aut phrenetici, validum est. Ergo hanc præcipue valetudinem cura[2], deinde et illam secundam[3]: quæ non magno tibi constabit, si volueris bene valere[4].

2. Stulta est enim, mi Lucili, et minime conveniens lit-

forum (à force de s'y promener), il consulte son livre d'échéances; de maître qu'il était, le voilà devenu intendant.

1. *Valere enim hoc demum est.* On ne se porte bien qu'à cette condition.

2. *Hanc præcipue valetudinem.* La santé de l'âme.

3. *Et illam secundam.* La santé du corps.

4. *Si volueris bene valere.* Si tu n'as d'autre but que de te bien porter.

terato viro, occupatio exercendi lacertos, et dilatandi cervicem, ac latera firmandi. Cum [1] tibi feliciter sagina cesserit,
et tori[2] creverint, nec vires unquam opimi[3] bovis, nec pon-
dus æquabis. Adjice nunc, quod majore corporis sarcina
animus eliditur, et minus agilis est. Itaque, quantum potes,
circumscribe corpus tuum[4], et animo locum laxa. Multa
sequuntur incommoda huic deditos curæ.

3. Primum exercitationes, quarum labor spiritum ex-
haurit et inhabilem intentioni ac studiis acrioribus reddit :
deinde copia ciborum subtilitas animi impeditur. Accedunt
pessimæ notæ mancipia in magisterium[5] recepta, homines
inter oleum et vinum occupati : quibus ad votum dies est
actus, si bene desudaverunt, si in locum ejus quod effluxit,
multum potionis altius jejuno[6] ituræ regesserunt. Bibere
et sudare vita cardiaci[7] est.

4. Sunt exercitationes et faciles et breves, quæ corpus
et sine mora lassent, et tempori parcant[8] cujus præcipua
ratio habenda est. Cursus, et cum aliquo pondere manus
motæ[9], et saltus[10], vel ille qui corpus in altum levat, vel ille
qui in longum mittit, vel ille, ut ita dicam, saliaris[11], aut, ut
contumeliosius dicam[12], fullonius. Quodlibet ex his elige, usu

1. *Cum.* En admettant que l'embonpoint... etc.
2. *Tori* désigne les muscles des bras et de la poitrine.
3. *Opimi* a le sens de *pinguis.* On avait coutume d'engraisser les animaux destinés aux sacrifices.
4. *Circumscribe corpus tuum .* Littéralement : restreins la sphère
de ton corps, élargis au contraire celle de ton âme.
5. *In magisterium.* En qualité de maîtres.
6. *Jejuno.* Quand on est à jeun.
7. *Cardiacus.* Homme qui souffre de l'estomac.
8. *Tempori parcant,* etc. Voir la première lettre à Lucilius.
9. *Cum aliquo pondere manus motæ.* L'exercice des haltères.
10. *Et saltus,* etc. Le saut en hauteur ou bien encore le saut en lon-
gueur.
11. *Saliaris.* Les Saliens, prêtres de Mars, parcouraient la ville une
fois par an, en exécutant une danse.
12. *Aut, ut contumeliosius dicam,* etc. Ou bien pour me servir d'un
terme plus trivial.

rude, facile. Quidquid facies, cito redi a corpore ad animum, illum noctibus ac diebus exerce. Labore modico alitur ille.

5. Hanc exercitationem non frigus, non æstus impedit, ne senectus quidem. Id bonum cura[1], quod vetustate fit melius. Neque ego te jubeo semper imminere libro, aut pugillaribus : dandum et aliquod intervallum[2] animo, ita tamen ut non resolvatur, sed remittatur. Gestatio[3] et corpus concutit, et studio non officit : possis legere, possis dictare, possis loqui, possis audire : quorum nihil ne ambulatio quidem vetat fieri. Nec tu intentionem vocis[4] contempseris : quam veto te[5] per gradus et certos modos extollere, deinde deprimere.

6. Quod si velis deinde, quemadmodum ambules, discere, admitte istos[6], quos nova artificia docuit fames : erit qui gradus tuos temperet, et buccas edentis observet, et in tantum procedat[7], in quantum ejus audaciam patientiæ credulitate produxeris. Quid ergo ? a clamore protinus et a summa contentione vox tua incipiet ? Usque eo naturale est, paulatim[8] incitari, ut litigantes quoque a sermone incipiant, ad vociferationem transeant. Nemo statim Quiritium fidem implorat.[9]

7. Ergo utcumque impetus animi tibi suaserit, modo

1. *Id bonum cura.* Applique-toi à ces biens dont le temps augmente le prix.

2. *Intervallum.* Temps de repos.

3. *Gestatio.* L'action de se faire porter en litière.

4. *Intentionem vocis.* La lecture à haute voix.

5. *Quam veto te,* etc. Sénèque, comme d'ailleurs Quintilien, condamne la méthode des professeurs de chant ou de diction qui imposent à leurs élèves des exercices préjudiciables.

6. *Admitte istos,* etc. Fais venir près de toi ces gens auxquels la faim a fait inventer des méthodes nouvelles.

7. *Et in tantum procedat.* Et il ira loin, aussi loin que ta patience et ta crédulité lui permettront de pousser son audace.

8. *Paulatim,* par degrés.

9. *Nemo statim Quiritium fidem implorat.* Ce sont là des effets oratoires qu'on réserve pour la péroraison.

vehementius fac vicinis convicium, modo lentius, prout vox quoque te hortabitur et latus[1]. Modesta, cum receperis illam revocarisque, descendat, non decidat[2] : moderatoris sui[3] temperamentum habeat, nec indocto et rustico more desæviat. Non enim id agimus[4], ut exerceatur vox sed ut exerceat. Detraxi tibi non pusillum negotium[5] : mercedula, et munus græcum ad hæc beneficia accedet.

8. Ecce insigne præceptum : « Stulta vita ingrata est et trepida; tota in futurum fertur. » Quis hæc, inquis, dicit? Idem qui supra. Quam tu nunc vitam dici existimas stultam? Babæ et Isionis[6] ? Non ita est : nostra dicitur; quos cæca cupiditas in nocitura, certe[7], nunquam satiatura, præcipitat, quibus si quid satis esse posset, fuisset[8] qui non cogitamus quam jucundum sit nihil poscere, quam magnificum sit plenum esse[9], nec ex fortuna pendere.

9. Subinde itaque, Lucili, quam multa sis consecutus, recordare : cum adspexeris quot te antecedant, cogita quot sequantur. Si vis gratus esse adversus deos, et adversus vitam tuam, cogita quam multos antecesseris. Quid tibi cum cœteris[10] ? te ipse antecessisti. Finem[11] constitue, quem transire ne possis quidem, si velis : discedant aliquando

1. *Latus*, tes poumons.
2. *Descendat non decidat.* Que la voix descende et ne tombe pas.
3. *Moderatoris sui*, etc. Que la voix reste au diapason de l'âme qui doit en régler les intonations.
4. *Non enim id agimus.* L'exercice de la voix est pour le sage non un but mais un moyen d'exercer l'esprit.
5. *Detraxi tibi non pusillum negotium.* Je viens de te tirer d'un grand embarras.
6. *Babæ et Isionis.* Ces personnages sont vraisemblablement des contemporains de Sénèque.
7. *Certe*, ou du moins.
8. *Fuisset.* Sous-entendez : *aliquid satis.*
9. *Plenum esse*, être comblé.
10. *Qui tibi cum cœteris?* Pourquoi te comparer aux autres? tu peux te comparer à toi-même, car tu t'es surpassé.
11. *Finem.* Une limite.

ista insidiosa bona, et sperantibus meliora quam assecutis. Si quid in illis esset solidi, aliquando et implerent : nunc haurientium sitim concitant. Mutantur speciosi apparatus. Et quid futuri temporis incerta sors volvit? quare potius a fortuna impetrem, ut det, quam a me, ne petam? Quare autem petam, oblitus fragilitatis humanæ? Congeram? in quid laborem? ecce hic dies ultimus est. Ut non sit[1], prope ab ultimo est. Vale.

EPISTOLA XVI

Le bonheur est impossible sans la sagesse. La sagesse consiste à se tracer un bon plan de vie et à y rester fidèle : la persévérance est donc la première vertu du sage. Aussi bien la philosophie n'est point une étude de parade, mais une science pratique, l'art de régler la vie. Pourtant, s'il existe une fatalité, à quoi bon se donner de la peine? A quoi bon s'efforcer vers la sagesse si le hasard commande? Laissons de côté ces problèmes, vivons en philosophes et ne laissons pas tomber notre force d'âme. Vivons comme la raison nous conseille de vivre, suivons la nature et non pas l'opinion.

Seneca Lucilio suo salutem.

1. Liquere[2] hoc tibi scio, Lucili, neminem posse beate vivere[3], ne tolerabiliter quidem, sine sapientiæ studio : et

---

1. *Ut non sit.* En supposant que ce ne soit pas encore mon dernier jour.

. *Liquere.* Être évident.

3. *Neminem posse beate vivere... sine sapientiæ studio.* Le *De Vita Beata* est le développement de cette sentence. Nul ne peut être heureux s'il ne possède le souverain bien. Quel est-il? « Il consiste dans le » mépris de tout ce qui n'est pas en notre dépendance, dans le con-

beatam vitam perfecta sapientia effici, cœterum tolerabilem
etiam inchoata. Sed hoc, quod liquet, firmandum et altius
quotidiana meditatione figendum est. Plus operis est in eo,
ut proposita custodias, quam ut honesta proponas. Perseve-
randum est et assiduo studio robur addendum, donec bona
mens sit, quod bona voluntas est [1].

2. Itaque tibi apud me pluribus verbis haud affirmandum [2], nec tam longis : intelligo multum te profecisse. Quæ
scribis unde veniant scio : non sunt ficta, nec colorata.
Dicam tamen sententiam quod jam de te spem habeo,
nondum fiduciam. Tu quoque idem facias, volo. Non est
quod tibi cito et facile credas : excute te [3], et varie scrutare,
et observa. Illud ante omnia vide, utrum in philosophia [4],
an in ipsa vita profeceris.

3. Non est philosophia populare artificium, nec osten-
tatione paratum : non in verbis, sed in rebus est. Nec in
hoc adhibetur, ut cum aliqua oblectatione consumatur dies,
ut dematur otio nausea [5] : animum format et fabricat,
vitam disponit, actiones regit, agenda et omittenda
demonstrat, sedet ad gubernaculum, et per ancipitia fluc –

» tentement qui accompagne la vertu, dans une invincible force d'âme...
» Bref l'homme heureux est celui qui ne connaît d'autre bien ni d'autre
» mal que les biens et les maux de l'âme. » (Cf. *D. V. B.*, p. 35 et 36
de notre édition.)

1. *Donec bona mens sit, quod bona voluntas est.* Le terme *voluntas*
ne désigne pas la volonté libre mais l'inclination vers le bien affermie
en nous et si l'on peut dire solidifiée par l'habitude. L'âme n'est
bonne que par le penchant au bien, à la condition non seulement que
ce penchant se manifeste, mais qu'il se soit installé en maître après
avoir chassé tous les autres.

2. *Haud affirmandum* a pour régime sous-entendu : *Multum te
profecisse.*

3. *Excute te.* Secoue-toi, afin de *déplier* ton âme et de voir ce qu'il
y avait dans ses replis.

4. *Utrum in philosophia.* Ici le mot philosophie est pris dans le
sens théorique.

5. *Ut dematur otio nausea.* Littéralement : pour enlever à l'oisiveté
ce qu'elle a de nauséabond.

tuantium dirigit cursum. Sine hac nemo securus est.
Innumerabilia accidunt singulis horis, quæ consilium exigant, quod ab hac petendum est.

4. Dicet aliquis[1] : « Quid mihi prodest philosophia, si
fatum est? quid prodest, si deus rector est? quid prodest,
si casus imperat[2]? Nam et mutari certa non possunt, et
nihil præparari potest adversus incerta : sed aut consilium
meum Deus occupavit, decrevitque quid facerem, aut consilio meo nil fortuna permittit. » Quidquid est ex his, Lucili,
vel si omnia hæc sunt[3], philosophandum est : sive nos

1. *Dicet aliquis.* La doctrine de la fatalité universelle était admise
dans l'école stoïcienne : καθ'εἱμαρμένην πάντα γίνεσθαι. Héraclite professait aussi ce dogme : comme les Stoïciens, ses futurs disciples, il
estimait que cette fatalité qui gouverne tout est pénétrée de sagesse
et de raison. Les Stoïciens ont exercé leur dialectique à chercher des
preuves de la Providence et ils l'ont démontrée par des arguments
analogues aux arguments classiques. Bornons-nous à indiquer cette
analogie sur laquelle nous ne pouvons insister ici. Remarquons que les
preuves dites « métaphysiques » de l'existence de Dieu peuvent valoir
peut-être contre l'athéisme, mais qu'elles ne permettent pas de trancher
le différend entre les panthéistes et . s partisans d'un Dieu personnel.

2. *Si casus imperat.* Il est, sans doute, fait allusion à la théorie
des Épicuriens. Les Épicuriens étaient indéterministes. Pour expliquer
le libre arbitre des actions de l'homme, ils attribuaient à l'atome, à
tout atome sans exception, une spontanéité propre, innée, en vertu de
laquelle il pouvait s'affranchir de la nécessité. Notons que si Sénèque
aperçoit les difficultés qui naissent de la croyance au déterminisme
universel, il ne manque pas d'indiquer en passant que la croyance au
hasard soulèverait d'autres difficultés presque aussi invincibles que les
premières. Pour sauvegarder l'efficace des efforts de la bonne
volonté humaine il faut attribuer à l'homme un certain degré d'influence
sur les phénomènes du monde extérieur; il faut que nous puissions
agir par nous-mêmes et que nous existions hors de Dieu : cela est
contraire aux dogmes métaphysiques du Stoïcisme. Mais que gagnerait-on à suivre Épicure? Si c'est le hasard qui est le maître, le hasard
se jouera de nos efforts et rien ne nous servira plus de vouloir avancer
dans la vertu. Le mieux est de ne nous préoccuper point de ces dogmes,
de laisser à d'autres le soin de résoudre ces antinomies. Le *primo
vivere, deinde philosophari* est un conseil que Sénèque donnerait
volontiers : aussi bien ne l'a-t-il pas donné presque dans les mêmes
termes quand il a écrit : *Illud ante omnia vide, utrum in philosophia, an in ipsa vita profueris?*

3. *Vel si omnia hæc sunt.* En admettant même que toutes ces opi-

inexorabili lege fata constringunt, sive arbiter Deus universi cuncta disponit, sive casus res humanas sine ordine impellit et jactat, philosophia nos tueri debet.

5. Hæc adhortabitur, ut Deo libenter pareamus [1], ut fortunæ contumaciter resistamus : hæc docebit, ut Deum sequaris, feras casum. Sed non est nunc in hanc disputationem transeundum, quid sit juris nostri, si providentia in imperio est, aut si fatorum series illigatos trahit, aut si repentina ac subita dominantur; illo nunc revertor, ut te moneam et exhorter, ne patiaris impetum animi tui [2] delabi et refrigescere. Constitue [3] illum, et contine, ut habitus animi fiat quod est impetus.

6. Jam ab initio, si bene te novi, circumspicies, quid hæc epistola munusculi attulerit : excute illam, et invenies. Non est quod mireris animum meum : adhuc de alieno liberalis sum. Quare autem alienum dixi? quidquid bene dictum est ab ullo, meum est. Sic quoque quod ab Epicuro dictum est : « Si ad naturam vives [4], nunquam eris pauper : si ad opinionem, nunquam eris dives. » Exiguum natura desiderat, opinio immensum.

7. Congeratur in te, quidquid multi locupletes possederunt : ultra privatum pecuniæ modum [5] fortuna te provehat, auro tegat, purpura vestiat, et eo deliciarum opumque perducat, ut terram marmoribus abscondas. Non tantum habere

---

nions soient soutenables, séparément, non toutes ensemble, car elles sont contradictoires.

1. *Ut Deo libenter pareamus.* Le chapitre xv du *De Vita Beata* se termine par ces mots : *Parere Deo libertas est.* Obéissons à Dieu, mais obéissons-lui activement comme si nous étions ses collaborateurs, comme si nous avions voulu ce qu'il veut. Que sa volonté s'accomplisse et même travaillons à l'accomplir avec lui.

2. *Impetum.* L'élan vers la sagesse.

3. *Constitue.* Règle cet élan.

4. *Si ad naturam vives.* On sait que, selon les Stoïciens, vivre conformément à la nature équivaut à suivre en tout la raison.

5. *Ultra privatum pecuniæ modum,* etc. Que le sort te fasse posséder des richesses supérieures à celles que les particuliers possèdent.

tibi liceat, sed calcare divitias : accedant statuæ et picturæ, et quidquid ars ulla luxuriæ laboravil; majora cupere ab his disces.

8. Naturalia desideria finita sunt : ex falsa opinione nascentia, ubi desinant, non habent. Nullus enim terminus falso est. Via eunti [1], aliquid extremum est : error immensus est. Retrahe ergo te a vanis, et cum voles scire quod petes, utrum naturalem habeat an cæcam cupiditatem, considera num possit alicubi consistere. Si longe progresso semper aliquid longius restat, scito id naturale non esse. Vale.

1. *Via eunti*, etc. Suis un chemin, tu es sûr d'arriver au bout : erre au hasard, tu ne trouveras jamais où t'arrêter. En effet, n'allant nulle part, quelle raison aurais-tu de ne point marcher indéfiniment?

ÉCLAIRCISSEMENTS

———

I. — L'épicurisme et le stoïcisme.

« Les préceptes d'Epicure sont nobles et saints. » Tel est l'avis de Sénèque. « Pénétrez plus avant, ajoute-t-il, et vous trouverez que ces préceptes sont tristes. » Comment expliquer cette apparente contradiction? Il est absolument certain, qu'aux yeux d'Epicure, le souverain bien consiste dans la parfaite tranquillité d'âme: ne point souffrir, voilà le bien suprême. Mais comment éviter la souffrance? par la pratique des vertus. Elles seules nous mettent à l'abri du mal. Soyez prudents, courageux, justes et tempérants, par là vous atteindrez au bonheur du sage, et jamais plus vous ne souffrirez. Pour vivre heureux, défiez-vous des peines trop vives et des plaisirs trop violents: les unes et les autres traînent à leur suite un long cortège de douleurs. L'excès du mal physique ou de la souffrance morale veulent être évités à tout prix: la douleur épuise nos forces et nous rend de jour en jour plus faibles contre les coups du destin. La jouissance, quand elle a dépassé de justes limites, produit en nous le désordre. Tout plaisir est un gain tôt ou tard compensé par une perte et même, le plus souvent, la perte excède le gain. Donc, pour être heureux, fuyons le plaisir. Le vrai sage, selon Epicure, sera donc en défiance et contre la douleur et contre la volupté. Voilà le dernier mot de la morale épicurienne, voilà où l'on en arrive après être parti de ce principe, que la recherche de la volupté est l'unique fin des actions humaines !

Sénèque a raison: les préceptes d'Epicure sont tristes: « Mais » si Epicure atteint la tristesse, est-ce la tristesse elle-même

» qu'il poursuit? Non. Il poursuit la volupté, suivant l'impul-
» sion de la nature, et comme la volupté est connue de tous,
» comprise de tous, ainsi que le veulent les épicuriens, il en
» résulte que chacun d'eux peut appliquer le critérium de sa
» doctrine, suivant le tempérament que la nature lui a dé-
» parti. Épicure est froid, timide et maladif; il préfère aux
» biens positifs la volupté négative. Parmi ses disciples, il y
» en a qui préfèrent les plaisirs violents d'une courte vie à
» cette longue neutralité entre le bien et le mal. De quel droit
» leur contesterons-nous la qualité d'épicuriens? L'histoire
» nous oblige au moins à les regarder comme une secte dans
» la secte principale. Ni les opinions ni le modèle de vie
» suivis par l'une, ne nous semblent, au fond, l'emporter en
» moralité sur ceux qu'a suivis l'autre. L'ignorance systéma-
» tique, l'égoïsme tempéré par l'amitié, la paix du corps et la
» paix de l'esprit dans l'oisiveté, la vie réduite à la vie sans
» objet et sans raison, enfin l'indifférence pour la mort, qui
» n'est rien, tels sont les vrais dogmes d'Épicure (1). »

Sénèque ne tient pas un autre langage dans sa réfutation
de la morale épicurienne. De deux choses l'une: ou vous
arrivez à l'indifférence absolue, et alors il est étrange d'appeler un pareil état, un état de suprême volupté, ou vous
acceptez purement et simplemement la thèse fondamentale
de la doctrine, vous courez après les plaisirs et vous courez
en vain, à peine saisis ils vous échappent. De part et d'autre
le but est manqué. Donc il est faux de prétendre que la nature nous ait créés pour le plaisir.

En devons-nous conclure qu'elle nous ait fait une loi
d'être malheureux? Point du tout. L'homme naît avec des
aptitudes, des inclinations, des facultés. Il porte en lui le
germe de ce que les stoïciens appellent une constitution, et
c'est à féconder ce germe, à le développer, que l'homme
doit consacrer sa vie. Mais quiconque développe sa nature et
travaille à la réaliser, ne peut manquer d'atteindre le bonheur. Aristote l'a dit: le plaisir est attaché à l'accomplissement des actes conformes à la nature d'un être, et tout être,
par cela seul qu'il concourt à sa fin, éprouve nécessairement
le plaisir.

Autre chose est rechercher le plaisir pour lui-même, autre

_____

(1) Renouvier, *Manuel de philosophie ancienne*, t. II, p. 202-203.

chose est s'abandonner à la jouissance légitime qui est la compagne inséparable des actes en rapport avec notre destinée. Voilà où s'est trompé l'épicurisme : au lieu de voir dans le plaisir un état de conscience qui s'ajoute à l'acte, l'achève et le parfait, mais qui n'en est pas moins profondément distinct de l'autre, il s'est représenté le plaisir comme une fin digne d'être recherchée pour elle-même : en cela il s'est montré infidèle à la pensée d'Aristote. Il a compris que le bonheur était la fin de l'activité humaine, il n'a point compris que pour l'atteindre il ne faut jamais le poursuivre.

Lorsque Epicure nous enseigne que là où est la vertu, là est la volupté suprême, il semble tenir un langage assez voisin du langage de Zénon. Et pourtant entre l'un et l'autre, quelle différence ! La tranquillité de l'épicurien naît de l'absence de toute peine ; il a beau regarder autour de lui, aucun motif de craindre ne s'offre à sa prévision : il vit en quelque sorte dans une maison bien close où nul ne viendra l'inquiéter. La tranquillité du philosophe stoïcien repose sur une tout autre base. Affranchi de toute douleur, résigné à l'avance à vouloir tout ce que voudra Jupiter, il sait puiser dans la conscience de sa force de quoi rester perpétuellement heureux ; du dehors il ne redoute rien, au dedans de lui-même il jouit d'une éternelle béatitude, et c'est pour lui une source inaltérable de joie, de se savoir maître de sa propre personne.

La vertu d'Épicure et la vertu de Zénon ne se ressemblent point. C'est par intérêt qu'il faut être juste et sobre, nous disent les épicuriens : l'égoïste ne se plaindra point d'être resté honnête : en d'autres termes, expérience faite, la vertu est plus avantageuse que le vice. Il faut dès lors la rechercher en raison des avantages qu'elle procure. La vertu des stoïciens veut être recherchée pour elle-même, et tout acte vertueux ne méritera ce nom que s'il est accompli par respect pour l'ordre universel. L'accomplissement désintéressé du bien, voilà le but vers lequel nous devons tendre et qui nous conduira infailliblement au bonheur.

Nous avons reproduit l'argumentation de Sénèque contre la morale d'Epicure, mais il nous a paru qu'à la résumer dans ce qu'elle offre d'essentiel nous mettrions en relief les différences qui séparent les deux systèmes. Et pourtant à ne rester qu'à la surface, ne semble-t-il pas que des deux côtés le point de départ et le point d'arrivée soient identiques ?

Epicurisme et stoïcisme, tous deux prennent pour accordé que la fin de l'homme est le bonheur, tous deux concluent en faveur de l'honnête et de la vie conforme à la vertu. Mais :

1° Selon l'épicurisme : — le bonheur est dans la volupté. — La vraie volupté, seule digne de recherche, est celle que la vertu engendre.

2° Selon le stoïcisme : — le bonheur est dans la réalisation de la nature essentielle de l'homme, c'est-à-dire dans l'obéissance à la vertu. — L'obéissance à la vertu veut être désintéressée. Il faut être vertueux sans se préoccuper du bonheur qui en résultera. Néanmoins le bonheur en résultera toujours, et c'est pour cela que la sagesse ne fait qu'un avec la béatitude.

Enfin, nous l'avons déjà dit, la pratique de la vertu, même en vue des satisfactions égoïstes qu'elle donne, n'est pas rigoureusement impliquée dans les principes de la doctrine d'Épicure. Le stoïcisme, au contraire, ne laisse prise à aucune équivoque : il sait ce qu'il veut et ce qu'il exige de nous (1).

II. — Le stoïcisme et la doctrine de Kant.

Dans notre Introduction nous avons maintes fois, et à dessein, rapproché les deux systèmes de morale, celui des stoïciens et celui de Kant. Les analogies sont frappantes et méritent d'être notées ; toutefois il existe entre l'un et l'autre système de profondes différences. Dès lors il paraît utile de reprendre la comparaison et de mettre les deux doctrines en regard l'une de l'autre.

Selon Kant, l'acte moral veut être considéré sous le point de vue de la *matière* et sous le point de vue de la *forme*.

(1) Au point de vue de l'*objet* de la morale et de la conception du souverain bien, l'avantage reste au stoïcisme, et l'on peut, sans exagération, condamner comme *immorale* la philosophie pratique des épicuriens. Mais au point de vue des *conditions subjectives* de la moralité, l'épicurisme l'emporte. Épicure et ses disciples ont compris la nécessité du libre arbitre : ils ont fait plus. En imaginant le *clinamen* des atomes, ils ont rendu possible l'indéterminisme des actes humains. On peut consulter, sur cette importante partie de la doctrine épicurienne, le remarquable livre de M. Guyau (*La morale d'Épicure*. Paris, Germer Baillière, 1878, in-8°).

Point ne suffit d'agir *conformément au devoir*, c'est-à-dire d'accomplir des actions approuvées par la morale. Il faut encore agir *par respect pour la loi*. Les stoïciens parlent de même : à leurs yeux tout acte moral veut être accompli *en vue de l'ordre*.

Selon Kant, tout acte moral est tel qu'il s'impose également à tous, dans des circonstances identiques. La loi morale est universelle, donc elle prend sa source dans la raison. La raison dicte des ordres à une volonté imparfaite. La vertu consiste dès lors à faire ce que la raison prescrit. Ici encore l'auteur de la *Critique de la raison pratique* reste en conformité de vues avec la philosophie morale des stoïciens.

Mais Kant pose en principe le caractère nettement *obligatoire* de la loi morale, et, pour justifier cette obligation, il distingue en l'homme deux natures, la nature sensible et la nature raisonnable. Il reconnaît entre les fins de l'une et les fins de l'autre une antinomie radicale. L'une doit se subordonner à l'autre, et, par conséquent, *le devoir* a pour conséquence le renoncement au bonheur. En effet, si l'on définit le bonheur, la satisfaction des tendances d'un être, il est clair que le bonheur exigera tout aussi bien la satisfaction des tendances de la nature sensible que celles de la nature raisonnable. Entre les deux il faut choisir, et la loi morale nous apprend quel doit être notre choix. Mais pourquoi donner la préférence à la nature raisonnable, pourquoi subordonner la nature à la raison? Kant ne répond point. La loi morale est un *impératif catégorique :* elle commande sans conditions; la nature sensible doit lui obéir et n'a point de comptes à lui demander.

Cette subordination de la nature inférieure à la nature supérieure est obligatoire. Donc elle est possible : *tu dois, donc tu peux.* Par où l'on voit que le libre arbitre est impliqué dans le devoir. Kant a-t-il donné du libre arbitre une théorie pleinement satisfaisante? Cela est douteux, mais nous n'avons point à nous en préoccuper ici. Kant a compris la nécessité du libre arbitre et cela importe.

Enfin Kant, en proclamant l'obligation du sacrifice et du renoncement au bonheur, n'a point voulu d'un renoncement définitif. L'homme est imparfait : l'homme est composé de deux natures qui tendent l'une et l'autre à des fins opposées. Donc, ici-bas, le bonheur est impossible. D'autre part, le bonheur est l'objet de nos plus légitimes aspirations; en outre, plus on y renonce, plus on le mérite : l'accomplissement de la loi morale confère à l'homme le *droit au bonheur*. De là la nécessité de la vie future.

Revenons au stoïcisme. Malgré cette distinction qui lui est propre entre la *matière* et la *forme* des actes moraux, il est incontestable que l'école du Portique accorde à la *matière* de nos actes une place importante : malgré nombre de contradictions apparentes, les stoïciens reconnaissent deux sortes de biens, les biens relatifs, ou extérieurs, et le bien de la volonté. Même dans la catégorie des choses *indifférentes*, il faut distinguer celles dont l'acquisition n'est pas contraire au libre jeu des fonctions naturelles, et celles qui, en tout état de cause, ne peuvent que nuire. En réalité, ce que les stoïciens appellent *choses préférables*, c'est ce que tout le monde entend par biens extérieurs ou naturels. Donc la morale stoïcienne diffère de la morale de Kant par la part importante qu'elle accorde aux éléments objectifs de la moralité. La bonne volonté est la seule chose absolument bonne, sans aucun doute. L'ordre, la convenance, l'accord qui règne entre les fonctions naturelles est d'un prix infiniment plus grand que les choses mêmes dans lesquelles nous voyons régner cet ordre. Il ne s'ensuit pas que ces choses, pour n'être point d'une valeur absolue, soient dénuées de toute valeur, et ne comportent aucun degré d'estimation.

Kant est plus rigoureux. Tout autre est sa méthode. Kant ne veut point permettre à l'expérience d'intervenir dans la construction de sa morale. A ses yeux le bien s'identifie avec l'obligatoire. Le caractère d'obligation qui s'attache à certains actes est l'indice de leur moralité, de leur bonté. Aux yeux des stoïciens, l'obligation pour nous d'accomplir un acte résulterait de son excellence extrinsèque.

Cette différence entre les deux doctrines s'expliquera aisément si l'on remarque comment l'homme est envisagé dans l'une et dans l'autre de deux façons absolument différentes. L'homme de Kant est double : il est fait de deux natures antagonistes. Participant de la nature sensible et passionnelle, comment lui serait-il possible de considérer l'obéissance à la raison comme *désirable* et de se porter vers le bien sous l'impulsion de l'*amour?* Comment lui serait-il possible d'attacher le nom de biens naturels aux actes que la raison lui prescrit, ces actes étant essentiellement contraires aux fins de la nature sensible? Donc étant donné l'homme, tel qu'il

est envisagé par Kant, l'opposition entre le bien naturel et
le bien moral doit être rigoureusement maintenue, et la
notion de bien subordonnée à celle d'obligation.

L'homme du stoïcisme est constitué en apparence de deux
principes, le principe passionnel et le principe rationnel ou
dirigeant ; mais ce n'est là qu'une apparence. Au fond, la nature humaine est essentiellement une, et cette unité, dont
nous portons en nous le germe, consiste dans la satisfaction
des tendances qui nous sont propres sous l'hégémonie de la
raison. Aux yeux de Kant, l'homme est en hostilité permanente contre lui-même, et cet état de guerre doit durer aussi
longtemps que cette vie, puisqu'en nous il y a pour ainsi
dire deux êtres incapables de s'entendre et faits pour vivre
chacun de son côté. Aux yeux des stoïciens l'état d'esclavage
ou d'asservissement aux passions est un état provisoire, car
il est contraire aux fins de la nature : la nature ne nous a
point mis au monde pour obéir à nos appétits, mais pour
leur imposer silence. Il est dans l'*ordre naturel* que la raison règne et gouverne.

Mais ce qui est conforme à l'ordre naturel est source de
bonheur; donc l'état d'obéissance à la raison est un état de
béatitude. Or, tout ce qui procure le bonheur est désirable :
donc nous devons désirer cet état de félicité parfaite inséparable d'une vie sage et bien réglée. La morale stoïcienne est
fondée sur la notion de bonheur, et c'est pour être heureux
qu'il faut s'efforcer d'être sage : on pourrait donc appeler
cette doctrine un *eudémonisme rationnel*.

Ainsi considérée, la morale stoïcienne s'écarte de la morale de Kant. D'abord elle n'est pas uniquement construite
à l'aide d'éléments *a priori*, et c'est à dessein qu'à côté de la
théorie d'une volonté absolument bonne adéquate au bien
absolu, se place la théorie des choses préférables ou des
biens naturels. D'une part, l'accomplissement de ces biens
naturels, d'autre part, la volonté de les accomplir par respect
pour l'ordre, voilà la vraie moralité selon le stoïcisme.

L'obéissance à la raison est-elle obligatoire? Oui, dira
Kant. Le stoïcisme n'ira pas aussi loin. C'est qu'en effet l'o-
bligation morale s'explique chez un être constitué de deux
natures antagonistes. Mais, pour les stoïciens, l'homme est
un tout bien ordonné, il est *naturellement* créé pour la vie
raisonnable. Donc cette vie raisonnable sera pour nous l'objet
d'un désir: on ne voit guère pourquoi la notion de la vie

raisonnable revêtirait la forme d'un impératif catégorique.

Puisque cela est conforme à la nature que l'homme vive selon la droite raison, l'idée de bonheur étant inséparable de la notion d'une vie conforme à la nature, la sagesse sera inséparable de la béatitude et le bonheur parfait sera de ce monde. Selon Kant, cela est impossible, puisque le bonheur est le résultat d'une vie harmonieuse, et que la vie harmonieuse ne sera jamais le propre d'un être chez lequel lutteront deux natures opposées quant à leur essence et quant à leurs fins.

Pour les stoïciens le bonheur est la conséquence légitime et nécessaire de la vie vertueuse, il en est l'effet, il en est *la sanction naturelle.* Aux yeux de Kant, le bonheur est l'objet d'un droit acquis par la vertu. Voilà pourquoi Kant niera, d'une part, la possibilité du bonheur en ce monde, et d'autre part affirmera la nécessité morale d'une seconde vie, c'est-à-dire d'un règne de la justice où chacun sera heureux ou malheureux selon qu'il l'aura mérité.

Les points de départ des deux doctrines sont opposés. La méthode selon laquelle Kant procède n'est point la méthode suivie par le stoïcisme : la conception de la nature humaine diffère. Là obligation, morale, libre arbitre, impossibilité du bonheur en ce monde, droit au bonheur de la vie future. Ici un libre arbitre purement nominal, point d'obligation au sens propre du mot, point d'âme immortelle, mais simplement promesse du bonheur à tous ceux qui auront atteint la sagesse. Donc les deux doctrines aboutissent à des conclusions différentes.

D'où vient alors qu'elles aient été si souvent rapprochées l'une de l'autre?

C'est d'abord parce que les stoïciens ont les premiers admirablement compris qu'il n'est pas, à proprement parler, d'acte véritablement moral qui ne soit dicté par l'intention formelle d'obéir à l'ordre universel. C'est parce que les stoïciens ont identifié la vertu et l'obéissance à la raison.

C'est ensuite parce que nulle école n'a mieux mis en relief les efforts nécessaires à l'homme qui veut devenir ou rester honnête : le stoïcisme considère la vie comme une lutte, et tout en proclamant que la vie raisonnable est la vie selon la nature, il n'en est pas moins profondément frappé des combats sans trêve que la nature doit engager contre elle pour se réaliser pleinement. A vrai dire, cet état de lutte s'explique dans la doctrine de Kant, il ne s'explique point dans la doctrine stoïcienne.

Ayant compris que vivre c'est lutter, les stoïciens ne pouvaient manquer d'entrevoir le caractère impératif de la loi naturelle et de parler maintes fois comme s'ils reconnaissaient l'existence d'une règle obligatoire. Mais en parlant ainsi, ils manquaient à leurs principes: il est contradictoire qu'une loi *naturelle* apparaisse à l'agent moral, sous la forme d'un impératif. Comment s'expliquer qu'il faille aussi longtemps combattre contre la nature pour arriver à la vie conforme à la nature?

Que l'état de sagesse soit l'état *naturel* par excellence et qu'il en résulte le bonheur le plus excellent, rien de mieux. La théorie stoïcienne est irréprochable. Mais s'il est logique que le bonheur soit réalisable ici-bas, pourquoi nous dit-on, *qu'en fait*, le bonheur est impossible en ce monde, et que la nature humaine n'est point assez forte pour atteindre à la vraie vertu? La nature en nous s'oppose à ce que nous vivions conformément à la nature? Quelle contradiction!

Néanmoins, laissons de côté les principes de la métaphysique stoïcienne, et considérons la doctrine morale de Zénon. Abstraction faite de ses rapports avec sa philosophie première, nous ne tarderons pas à nous convaincre que l'esprit qui dirige les moralistes de l'école du Portique est au fond le même esprit qui devait inspirer à Kant la doctrine morale des *Fondements de la Métaphysique des mœurs et de la Critique de la Raison pratique*. Quoi qu'on en ait dit, Kant a fondé la métaphysique spéculative sur la métaphysique morale; les stoïciens ont procédé selon l'autre méthode, et c'est pour cela que, malgré tous leurs efforts et le grand nombre d'aperçus profonds qui se dégagent, ou plutôt qui s'échappent de leur philosophie pratique, ils n'ont laissé qu'une doctrine incomplète et souvent contradictoire, enserrée qu'elle est dans les liens d'une métaphysique avec laquelle elle se trouvait être, dès l'origine, en *désaccord préétabli*. L'espérance pour le juste, voilà le dernier mot du kantisme: le désespoir et la lassitude morale, effet inévitable des efforts stériles, voilà la conséquence sinon nécessaire du moins possible de la philosophie morale des stoïciens : et la faute n'en est pas à leur morale, mais à la métaphysique panthéiste de laquelle ils l'ont voulu déduire.

SUJETS DE DISSERTATIONS SUR LA PHILOSOPHIE STOÏCIENNE

1. Exposer les principes de la morale stoïcienne.
2. Expliquer ce paradoxe apparent de la philosophie stoïcienne : La douleur n'est pas un mal.
3. Rattacher les idées exprimées par Sénèque sur l'usage des richesses à la théorie Stoïcienne des *choses indifférentes.*
4. Apprécier la théorie des stoïciens sur l'*égalité des fautes.*
5. Pourquoi les Stoïciens n'ont-ils pas admis l'immortalité de l'âme?
6. Comparer la morale stoïcienne et la morale des épicuriens.
7. Théorie des Stoïciens sur la volonté humaine.
8. Quels sont les emprunts faits par Cicéron au stoïcisme dans le traité *des Devoirs?*
9. Du panthéisme métaphysique des Stoïciens et de son influence sur leur morale.
10. Que penser du précepte stoïcien « *Sequere naturam* » ?
11. Apprécier la manière stoïcienne « *Abstine et sustine* » ?
12. Des rapports de la vertu et du bonheur selon les Stoïciens et selon Kant.

TABLE DES MATIÈRES

FIN DE LA TABLE DES MATIÈRES.

BOURLOTON. — Imprimeries réunies, B.

www.ingramcontent.com/pod-product-compliance
Lightning Source LLC
Chambersburg PA
CBHW051735090426

42738CB00010B/2264